追憶の風景

追憶の風景

Yasuki Fukushima

福島泰樹

晶文社

本書は、東京新聞・中日新聞（土曜版）二〇一二年一月〜二〇一四年一月に連載された「追憶の風景」一〇四篇に、新たに四篇を加え、一〇八篇をもって執筆順に構成したものです。

挿画　佐中由紀枝
造本・装幀　間村俊一

追憶の風景*目次

記憶よ、再稼働せよ　西井一夫

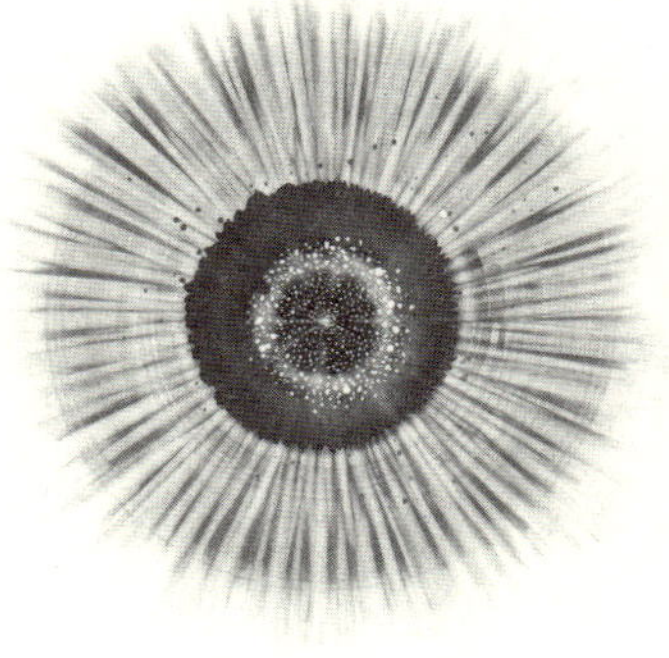

アジテーター西井一夫よ何ひとつ終わっていない男の夢よ

君は、グラフ雑誌の記者として、私の前にあらわれた。濃紺の背広の深紅の裏地が眩しかった。前年秋、私は、処女歌集『バリケード・一九六六年二月』を刊行。歌集は、大学のバリケードの中で廻し読みされた。

万博を特集した「毎日グラフ」の頁を開けると、東京下谷の寺で、原稿に向かう二十六歳の私がいる。西井一夫の記事と写真によって私は、初めてメディアに紹介されたのである。一九七〇（昭和四十五）年三月、この月、君は私の最初の短歌絶叫コンサートに立ち合ってくれた。以来、会えば飲んだ。

ここよりは先へ
ゆけないぼくのため
左折してゆけ
省線電車

酔うと君は、私の短歌を唇にのせた。やがて「カメラ毎日」編集長に、君は就任する。エディターに止まらず、運動家として、『日付けのある写真論』（青弓社）『写真というメディア』（冬樹社）など、相次いで写真論を刊行してゆく。一九八六（昭和六十一）年八月には、『昭和二十年東京地図』（筑摩書房）を刊行。終戦の翌年、東京小岩に生まれた君が、四十年後の東京の路地を歩き回った労作だ。

「土地には日付けがあり、地名には謂れがある。謂れのない場所が増殖し続ける時代に、失われた時代の地図を歩くためには」「場所の記憶が必要なのだ。記憶だけが情報メディアに風穴をあける」の一節が忘れられない。それから更に二十五年。君が歩いた場所の記憶の多くは取り壊され、いまではこの本の中と、人々の記憶の中にしか存在しない。

ほどなく君は、毎日新聞社クロニクル編集長として、二十世紀を総括するような巨大な仕事に挑みかかる。『昭和史全記録』『戦後50年』『詳細阪神大震災』、厖大な資料と写真を駆使した、どれも気の遠くなるような仕事だ。そして最後に向かったのが『20世紀の記憶』全二十巻である。

二十世紀が幕を降ろす二〇〇〇（平成十二）年十二月に毎日新聞社から刊行終了。同時に君は新聞社を退社。いよいよ自身の仕事、すなわち捨て去られ忘れ去られた世界を再構築するための、「世界的歴史記憶回復プロジェクト」を始動させるはずであった。しかし体調に異変、診断の結果は、末期の食道癌であった。

西井！　いま私は、君が死病の床で綴った『20世紀写真論・終章／無頼派宣言』（青弓社）を読みながら再び涙している。「二十世紀は、映像によって百年がすべてとらえられた初めての世紀」である。そして改めて、記憶の物証を可能とした写真とは何かを問うのである。「現在しか写せない写真が過去に目を閉ざしていったい何が写るというのか？」

君は、間近に迫った自身の死を抱きしめながら、なお尽きぬ想いをもって、時代への危惧を語り、戦いを呼びかけ、生者への熱い連帯の情を吐露しているのである。

そう、人体とはまさに、時間という万巻のフィルムを内蔵した記憶装置にほかならない。人類史上初の被爆国でありながら、ヒロシマ、ナガサキの記憶を蔑ろにしてしまった、その報いとしての悲惨（福島第一原発事故）であった。記憶を風化させてはならない。震災は、そのことを教えてくれたはずだ。

手術を拒否し、最後の執筆に向かう荻窪のホスピスに二度見舞った。ほどなく報せがあった。十一月二十五日、咄嗟に三島由紀夫の壮絶な最期を思った。俺たちが出会って三十一年の歳月が経過していた。君の遺言で、私が引導を渡すこととなった。式の終わりに、銀幕を去る緋牡丹お竜こと藤純子に献じた一首を絶叫した。君がよく口にした歌だ。

その女《ひと》は
夕べの鐘のやるせない
哀傷
風に吹かれる牡丹

さらば、死ぬまで戦い続けた男よ！

立松和平の墓　立松和平

やわらかに時はすぎゆき映れるは死後のレンズの涯なる世界

「どぜう鍋」を前にしながらのスポーツ新聞での対談だった。酒杯を手に、君は真顔でこう言い放った。

「俺はね、死んだら下谷に行くんだよ。泰樹さんとこの寺に」。つられて、私も並んで墓を建てる約束をした。一九九一（平成三）年十月、渋谷道玄坂の夕まぐれであった。

この頃、君は報道番組「心と感動の旅」で国民的人気を博し、環境問題にも積極的に取り組んでいた。しかしどんなに忙しくなっても、時代と人間の心の闇にまむかう作家の姿

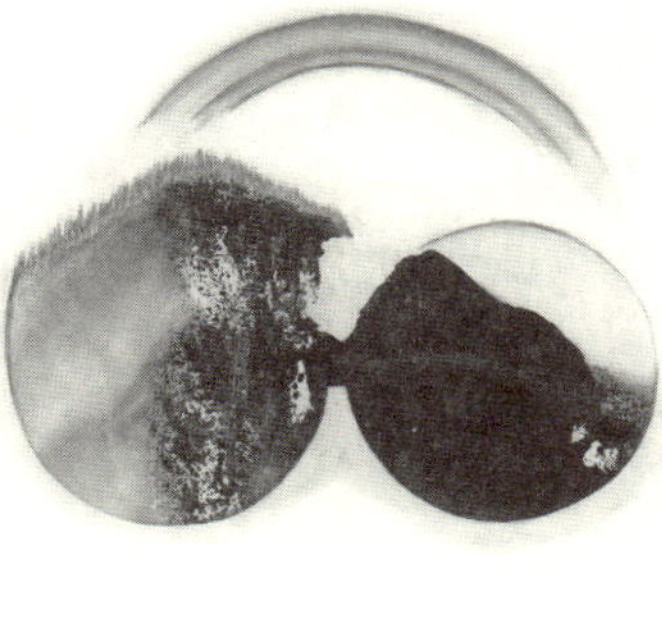

勢は変わることはなかった。君は、人々が足早に立ち去った連合赤軍粛清事件を、正面に見据えて書き始めた。だが、雑誌連載「光の雨」は、盗用問題を生み、メディアを沸かせた人気作家は、世間の苛烈な指弾に曝されることとなる。「謝るな立松!」と私は叫んだ。当事者による総括の書は、すでに歴史的資料ではないのか。

作家は、真摯に苦悩した。苦悩は光明をもたらせた、仏陀との出会いである。君の歩みは、「求道」へと向かってゆく。聖徳太子、木食五行、大作『道元』。さらに良寛、鳩摩羅什、そして日蓮へと君は、書き進めてゆくはずであった。賞讃すべきは、立松和平は苦難の歳月を経て『光の雨』を立派に書き上げたことである。

時代とこころの
闇にむかって書いてきた
光の雨よ
若き死者たち

初めて会ったのは、一九七〇(昭和四十五)年三月、学生作家の君と、山手線大塚駅前の居酒屋で酒を酌み交している。以来四十年、二人で飲んだ酒の量は計り知れない。一昨年の一月三日、私の住持寺(東京下谷)法昌寺初講で盃をあげたのが最後となってしまった。

残念でならないのは、君が福島第一原発事故を作家として体験せずに旅立っていってしまったことである。想えば、栃木県足尾は、作家の先祖の土地であり、足尾鉱毒事件に憤然と立ち向かった田中正造は、作家のライフワークであった。

この地上の命あるものすべてを死に追いやる原発事故は、足尾鉱毒事件に次ぐ国家的犯罪である。東北大震災を肉化することによって、君は日本文学の幹をさらに太くしたはずである。

ふくらはぎ
揉んでやったぞ
しっかりと歩いてゆけよ
冥府も夜か

手術に向かう君は、妻に「眼鏡、アイマスク」と小声で言った。それが最後の言葉となった。一眠りしたら、君はペンを握るつもりでいたのだ。墓はいま下谷法昌寺に建つ。

血と雨の歌　岸上大作

みな貧しく一途に激しゆきしかな岸上大作、樺美智子よ

「よみがえる六〇年安保の青春／没後五十年／歌人岸上大作」展が、姫路文学館で開催されたのは、一昨年の暮。記念講演出演に先立ち私は、学芸員竹廣裕子さんの案内で、福崎町の生家を訪れた。

生家は、岸上が誕生した一九三九（昭和十四）年の、家族の血のぬくもりをいまに伝えていた。陽当りのいい縁側で父にあまえる岸上。だが父は、ほどなく出征、そして戦死。

陸軍伍長岸上繁一
母まさゑ
挟まれて建つ
死にながら立つ

故郷の聚落をみおろす山の中腹に、岸上の墓はあった。『岸上大作全集』（一九七〇年・思潮社）の印税で母が建てたものである。その母も一九九一（平成三）年に死去、七十一歳であった。息子を大学に入れるため、学費を送るため、なりふりかまわず働いた母の悲嘆を思うと辛い。

とまれ、岸上は一九五八（昭和三十三）年春、國學院大学入学と同時に、短歌研究会に入部。この頃の日記に、「僕には青い空のような愛が」「限りなくソウメイで美しい人が必要だ」の記述がある。「聡明」で「美しい」は、藁屑にまみれて働く母への対義語《アントニム》であるのか。

やがて岸上の前に聡明な少女があらわれる。時、あたかも60年安保闘争。学生歌人岸上の闘争歌は話題を呼ぶ。六月十五日、国会構内、東大生樺美智子死す。岸上も棍棒で頭部を負傷。しかし新安保条約は締結され、闘争は、一気に退潮してゆく。「恋と革命」の昂奮を曳きずったまま岸上はなお歌作に没頭。短歌を書いていなければ、こうまでも激しく自身を追い詰めることはなかったであろう。十二月五日、未明。杉並区久我山の下宿で、服毒、縊死。二十一歳であった。

死の寸前まで、書き続けた絶筆「ぼくのためのノート」を収録した遺歌集『意志表示』(白玉書房)に出会ったのは、学生時代。死に至る一途な無様さに、私は泣かされていた。以来五十年、集中の絶唱「血と雨にワイシャツ濡れている無援ひとりへの愛うつくしくする」を愛誦し続けてきた。

歳晩、私は君の没後五十一年の墓前に歌集『血と雨の歌』(思潮社)を献じた。貧しい時代ではあったが、若者は肩を寄せ合いながら、明日へ向かって必死に生きようとしていた。

みな雨に
濡れていたっけ泣いていた
フランスデモの
若者がゆく

薔薇色の骨　中井英夫

薔薇色の骨に注ぎぬ美酒すこし黒鳥館に春の雪降れ

冬の雨の降る明け方だった。帰宅と同時に、受話器をとった。都下日野の病院で作家中井英夫が息を引き取り、僧侶である私の帰りを待ち侘びているとのことだ。

まなこ瞑れば
いまし帝都の上空を
飛行船ゆく

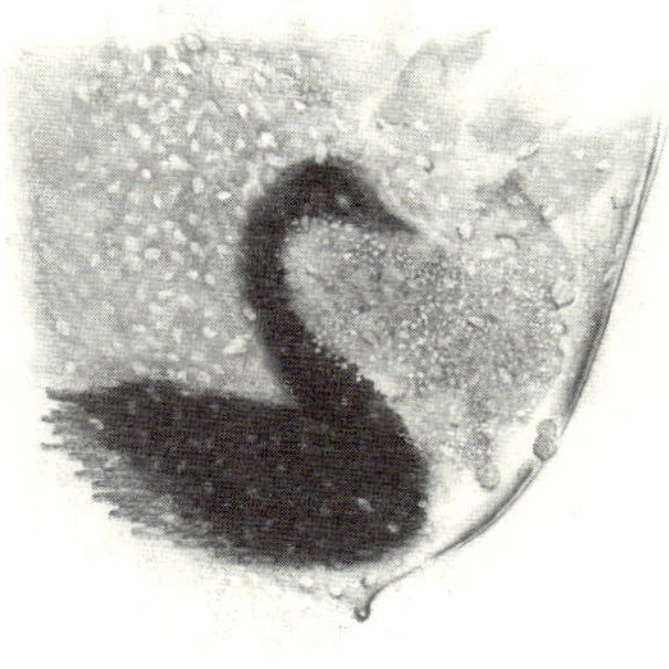

市谷陸軍参謀本部で終戦を迎えた中井の戦後は、短歌雑誌の編集から始まった。中城ふみ子、寺山修司、春日井建ら煌めく才能を送り出す。一九六四（昭和三十九）年、塔晶夫の筆名で長編推理小説『虚無への供物』を発表、黒鳥や薔薇をベースに虚実を織り交ぜた幻想譚を書き続け、自らも「黒鳥館」主人、「流薔園《るそうえん》」園丁と名のり、耽美的幻想文学の地歩を築いた。

一九八三（昭和五十八）年、生涯の伴侶田中貞夫を喪う。その悲しみは癒えることなく、執筆から遠離ってゆく。やがて世田谷の居宅（流薔園）を追われ、都下小金井に転居。この間、二度お邪魔している。

入院の報せを受け、中野の病院に作家を見舞った。助手の本多正一さんが、口元に耳をよせ口述筆記したという詩を見せてくれた。

「眠りがなかなか訪れてこないのは／本人が眠ることを拒否しているからだ／眠りは／優しい母と美しい姉と／が一体となったものだから／なかなか僕の寝室には／恥ずかしくってきてもらえないのだ」。絶筆である。

私は、薔薇園の見える昏い部屋で、姉上の遺骨にお経をおあげした日のことを想い出していた。ふりむくと、泣き崩れた中井英夫がいた。

流薔薇園さがし
あぐねて酌む酒の
園丁いずこ
わが淋しきに

一九九三（平成五）年十二月十日、優しい母と美しい姉が、作家の寝室をようやく訪れた夜、私は雨の吉祥寺で、絶叫コンサートの打揚げの酒に酔いしれていた。遺言により、私の寺で私が引導を渡した。

生家があった田端にちかい町屋の火葬場から、遺骨となった作家を乗せた車が、『虚無への供物』の舞台となった三ノ輪、竜泉を通った。「一九五四年の十二月十日。外には淡い靄《もや》がおりていながら、月のいい晩であった。お酉様の賑わいも過ぎた下谷、竜泉寺のバー「アラビク」では気の早い忘年パーティーの余興が始まろうとしていた」。プロローグから数えて四十年。その反骨と美意識、中井文学開帆の地に、作家は薔薇色の骨となって帰って来たのである。

星、応答せよ　佐山二三夫

枯草のマント纏いて佇ちたるは佐山二三夫でないか酒飲め

凩が吹く季節となると君のことが想い出されてならない。君は私の短歌のファンで、私の家に出入りしている頃は、二十代の青年だった。がっちりした体躯、丸顔で斜視のあどけない表情をしていた。

東京、中央線の三鷹駅を根城にオカリナを吹き、集まった人々に、素焼きのオカリナを売って生活している、と言っていた。

幸福やアンデスの峰
吹き上げる
風とやなりて歌
溢れ来よ

私の絶叫コンサートによく顔を出した。来ると、きまって「コンドルは飛んでいく」を吹いてもらった。彼の演奏で自作の朗読をしたこともあった。蒼空を風に乗って飛翔する禿鷹の孤独、滅びゆくものの悲しみに感応し、歌が溢れだすこともあった。至福の時を君と分かち合った。

しばらく顔を見せないなとは思ってはいた。しかし無類の酒好きで、私には面倒な客人でもあったのだ。

そんなある日、私のもとに手作りの冊子が送られてきた。表紙中央に「望星」、右脇には「佐山二三夫自由律俳句　一」とある。俳句……。そうだ、奴は短歌を書いていたな。ブルーのインクの文字を私は、思い出しながら頁を開いた。

オカリナに、合わすリズムは、松葉杖。
食尽きれば月光を食《は》む。

うづくまり、オカリナを聞く老婆独り。
自己嫌悪、犬に手を嘗められている。
週一度も電話なし、モールス星にＳＯＳ。
淋しさが凍りつき、星になった。
年賀二、三枚の今年も暗転か。

貧しくって淋しい人々ばかりが、演奏する君をとり囲んでいたのか。「淋しさが貼り附いて、皮膚の呼吸も出来ない」。こうまで孤独を抱えていたのであったのか。慕って来てくれているのに、私は、君の叫びを聴いてやろうとはしなかった。「望星」最後の頁は、「佐山二三夫君のご冥福をお祈りします　平成十六年三月」とある。
佐山二三夫、一九五九（昭和三十四）年、岡山に生まれ、アルバム「土笛《オカリナ》風の詩」（ＣＢＳソニー）でプロデビュー。人々とのふれ合いを大切にして生きた。

起きるのが面倒臭くって
淋しくって
目も病み逝きしと
聞く夜の風

デス・マスク　諏訪 優

灯も溶けてN子の裸身なごむころ諏訪優いづこ　夜の凩

冬晴れの朝だった。お別れと思い、ネクタイをして家を出た。上野の山に架かる陸橋から、朝日に輝く鉄路を見下ろす。鶯谷の次が日暮里、その次が田端だ。

「たくさんの寺／たくさんの墓／だから／たくさんの／女たちの／ため息が聞こえるのだ」。大震災や空襲から焼け残った坂の多い町を詩人は愛した。

セーターにジーンズ。ロシアの貴族の末裔を思わせるような、色白で端正な風貌。綺麗に禿げあがった頭の耳もとから顎へ、美しい白い鬚髯《ひげ》を光らせながら詩人は路地を歩いた。

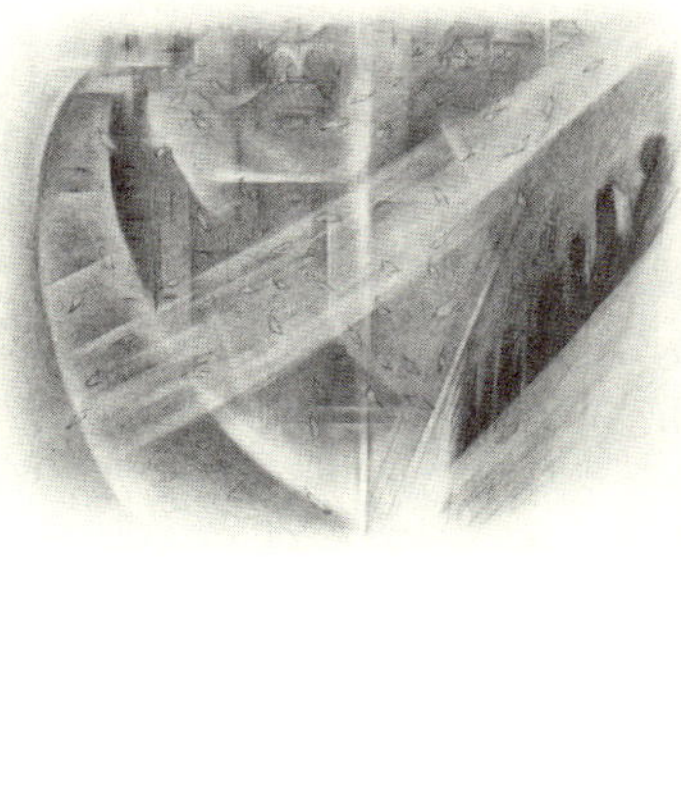

「血をにじませた冬のたそがれ／たくさんの／女たちを想いながら／ひとりの女に逢いに／坂を登る／逢初坂／ああ　ハラハラと／今年も／木枯しに木の葉が散る」

テナーサックス
吹いていたっけ泣いていた
煤《すす》けてしまった
想い出のため

諏訪優詩集『田端事情』（思潮社）には、詩人のやわらかな裸の情感が震えるように息づいている。竹林に囲まれた田端のアパートの一室は、清楚そのものであった。
「ああ　愚かなり田端人／わが心偽り／世をスネ／愛の錯覚の中で六十余年／谷中のカラスたちよ／この愚かな狂人を笑って鳴くがよい」
いや、諏訪さんは少しも世を拗《す》ねてなどいなかった。一九六〇年代、ビート・ジェネレーションの詩人ギンズバーグをいち早く翻訳し、朗読を開始したのはこの人だった。だが、詩や世界の権威だとか地位だとかには見向きもしなかった。

苦く胃に沁みる

アルコールもう要らない
エンジェル
君の額《ぬか》に手をおく

御茶ノ水、東京医科歯科大学。サッシから漏れる朝の光の中に、諏訪さんはいた。いつもは悪戯っぽい目元が、きりりっとひきしまっている。凛々しく結んだ唇をみて、初めて私は詩人の孤独と対《む》い合《か》ったような気がした。

そうだよ、諏訪さん。孤絶の人ゆえに人に優しかったのだよな。それだから、女だとか酒だとか薔薇のパイプだとか、優しく心を慰めてくれるものを、求めてやまなかったのだよな。

数年前に結婚。「死の寸前までも芳江とふたりっきりでいれたことがうれしい」、絶筆である。

「あなたはすでに天使ゆえに、苦く胃にしみるこのアルコールを飲むことはもうないのだ」。若き日にあなたがアメリカで、ジャック・ケルアックを悼んで書いた詩の一節だ。

あれから二十年、冬になると詩人の厳粛なデス・マスクを想い出す。

豊饒の時　武田百合子

たちあらわれまた消えてゆく思い出のキム・ノバックの眼をするまたも

池袋の酒場で東洋大学新聞部の学生たちを前に酒を飲んでいた。当時、私は静岡県沼津市の山に囲まれた小さな寺に居住していた。講演に呼ばれたことが機縁となり、彼らとの付き合いが始まったのだ。

『富士』『快楽《けらく》』『秋風秋雨人を愁殺す』など武田泰淳の作品を弔意をこめて語り始めた時だった。花さんに電話をかけてきますと一人が立ち上がった。お嬢さんが仏教を学びに、東洋大学に通っていたのだ。

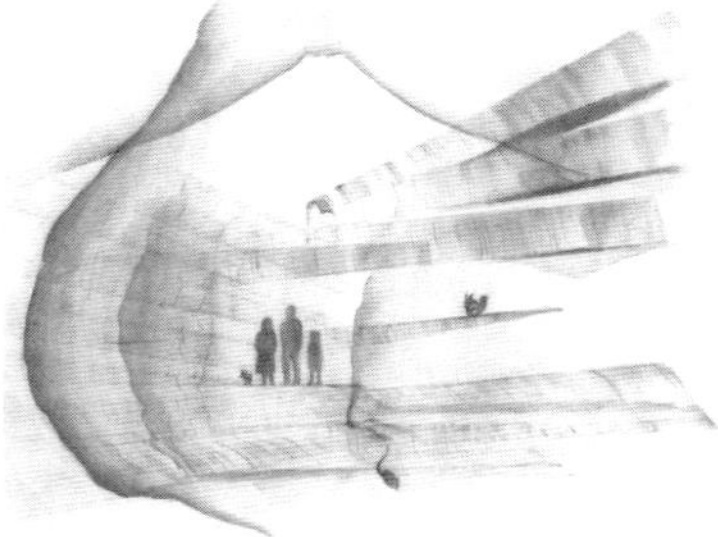

眼鏡の奥に
たばしる涙、茫々の
秋風秋雨
人を愁殺《ころ》さば

紫檀の椅子とテーブル、優雅な衝立。中国風居間に、遺骨は安置されていた。寺の子として生まれ、人間の懊悩を凝視、時代の波瀾を生きた泰淳文学に、若い私は幾たびとなく救われている。一ファンにすぎない私が、その人の前に端座、法華経をおあげしている。なんという縁《えにし》であろうか。有難うございます、夫人のやわらかな声を、熱くなった背中で聴いていた。

作家が百合子夫人と出会ったのは、神田神保町の喫茶風酒場「らんぼお」。敗戦からいまだ程無い頃、美貌の夫人はここで働いていた。やがて同棲、長女の誕生、結婚と豊饒の時は過ぎていった。

赤坂の豪勢な寿司と酒。壁に作家と夫人の写真。山中湖の山荘で撮った、武田花の作品である。のびやかな写真の才に打たれ私は、国文社から刊行する「現代歌人文庫」扉の人物写真を、お願いした。写真家としての初仕事を夫人は大変喜んで下さった。以後、たびたびお邪魔した。お手製のしゃぶしゃぶを御馳走になり、作家の遺骨の前に頭をおき、泊めていただいたこともあった。寺山修司の撮影に同行した日の、雪の夜である。

横浜ッ子の、百合子夫人の口調は歯切れ良く、優れた批評眼とあわせ、痛快であった。ほどなく夫人は、文芸誌「海」に作家と在った山荘での日々を綴った「富士日記」の連載を開始。平易で明るく、情緒と機知に富み、エッセーの達人であると思った。

草むらにしゃがみレンズを見上げる、キム・ノバックを思わせる雌豹のような眸《ひとみ》。

武田百合子のポートレートと再会したのは十七年後の、一九九三（平成五）年五月。初夏の日眩い午後を、夫人は黒い柩車に乗せられて遠離ってゆかれた。

居酒屋「らんぼお」
霧は流れてアヌルーヌ
女豹のような
風貌である

幸福の可能性　小笠原賢二

逆光の渚に坐して釣糸を垂れるは老いし小笠原賢二でないか

小笠原賢二は、敗戦の翌年春、鰊《にしん》漁で栄えた北海道増毛町に生まれた。日本海の怒濤を聞きながら少年時代を過ごし、中学卒業と同時に集団就職で上京。一九六六（昭和四十一）年、晴れて法政大学に入学。新聞販売所に住み込み、寸暇を惜しんで読書。日本文学科大学院へ進む。新聞の編集に携わりながら、小田切秀雄ゼミで学ぶ。

四十歳を機に新聞社を退社、文芸評論家として自立するためだ。『異界の祝祭劇』（沖積社）『文学的孤児たちの行方』（五柳書院）と相次いで評論集を刊行。長年の苦労が稔り、

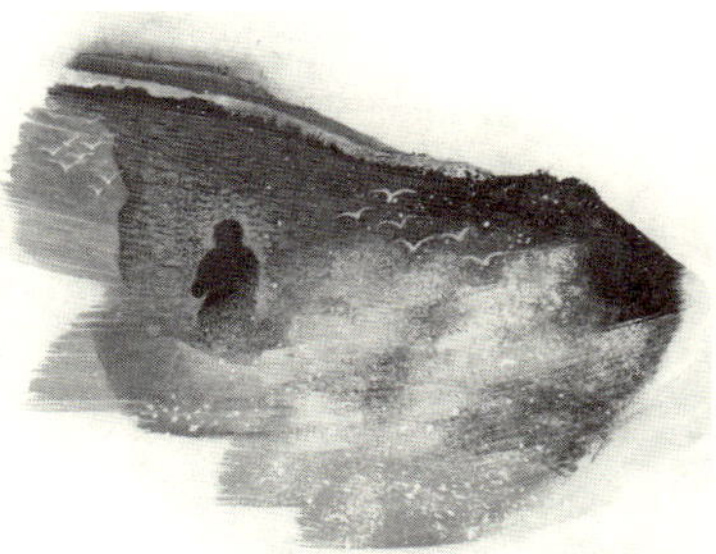

二〇〇三（平成十五）年、母校、日本文学科の教授内定の報を受ける。長かった労苦が、報われる日が来たのだ。これで定年の七十歳までを文学だけに打ち込むことができる。だが、肺癌が発覚、採用は見送りとなる。

太陽に酔いしばかりに
アルチュール・
ランボー、日傘
おれの不条理

小笠原賢二の最後の著作は、『「幸福」の可能性』（洋々社）。私が病室にもちこんだ仕事だ。君は絶え間ない耳鳴りと闘いながら、一巻を纏め上げる。このような悲惨な生の不条理と出会いながら、打ちひしがれることなく、君は最後の著作を「幸福」の語をもって閉じようとした。自身亡き後の、人々の幸福の可能性を願っての命名である。


校正刷りを持って立川の病院を見舞った。

「ぼくが死んだらお経読んで下さい」

「ぼくの故郷、増毛いいとこですよ。是非、行って下さい」

心配するな、俺が立派な葬式を出してやる。涙を堪《こら》える私に、「海辺でビールが飲みたい。もう、駄目だけれどね」と、淋しく君は微笑した。

二〇〇四年十月四日、激しく降る雨の朝、君は旅立っていった。五十八歳だった。

「偉大なるわが弟よ！」

札幌から飛んできた菱川善夫の弔辞が忘れられない。

黙《もだ》ふかく悲しみふかく
やわらかき
女体のごとく
雪にまみれよ

二月になって、私は増毛に向かった。姉の幸美さんが、車で案内してくれた。生家は深い雪に埋もれていた。

「母さん、俺は太平洋で泳いでいる。泳ぐことをやめたら、死ぬしかない」。苦学の合間に、君が母に書き送った手紙の一節だ。やがて大学を卒業、送り返してきた（綿が剥がれ布ばかりになった）布団を抱いて、母は声をあげて泣いた。

小笠原、せめて七十まで生きて欲しかった。吹雪がやんだ翌朝、留萌を臨む海岸。罐ビールを片手に、釣り糸を垂れる君の姿を思い描いていた。

叛逆の書家　木村三山

一身に時間の束を撓《たわ》めつつ突き、打ち、叩き、叫び、狂わん

立松和平と宵の銀座を歩いていた。大柄で目鼻立ちのくっきりした浅黒い顔の男が親しく話しかけてきた。

しばらくして画廊主人の訪問を受けた。書家木村三山が、私の短歌を流木に書いた個展を開催する。ついては歌集を借りたい、とのことだ。一九八五（昭和六十）年の春浅き頃である。

蕭々と孤独の夜を
降る雨のごとく
切なく
書かんとおもう

木村三山。一九二七（昭和二）年、群馬県高山村に生まれる。父は樵《きこり》。その名は、赤城、妙義、榛名の上毛三山による。幼い頃から書が好きで、墓石に彫った字を血が滲むまで指でなぞり、字を覚えた。

少年志願兵になるも、終戦。以後、映画俳優、ガリ版筆耕など職を転々としながら、詩を書いた。労働運動に挺身、占領軍のパージにもあった。新聞から電話帳、紙と名のつくものにはすべて書いた。

海辺の家をインタビューで訪ねた。悲しかったことは、脚を骨折した母が働けないことを苦に首を吊ったこと。母は遺書を書くために、孫の教科書を借りて字を覚えた。

「四十五ねんのあいだわがままおゆて／すミませんでした」「じぶんのあしがすこしも／いご／かないので　よくよく　ヤに／なりました　ゆるして下さい」。文末には、「一人できて／一人でかいる／しでのたび／ハナのじよどに／まいる／うれしさ」の一首がしたためてあった。

母の遺書である。血のメーデーのあった一九五二年、三山は二十五歳になっていた。それから、靴仕立ての行商の旅に出る。昼は貧しい漁村の軒端で詩を書き、夜は木賃宿の暗い電灯の下、一心に書にまむかう。書家として身を立てたのは、四十になってからのことであった。

現在を書け現在を
絶望を
咽喉《のみど》の裂けるような
叫びを

そうだ、あなたは古典の模倣ばかりして、現在の苦悩を書こうとしない書の世界に真っ向から反旗を翻し、「書詩一体」の思想を高々とかかげ、そのために遭う誹謗中傷、締出しなどの妨害に屈することなく、「現代書詩」という新たなジャンルを創出。一九八六年四月には「不退転宣言」を発し、憤然として書詩にまむかっていった。同志であり妻である木村幸が、書の来歴のすべてを支えた。一九八八年三月十六日、死去。還暦をむかえたばかりであった。

魂のブルース奏者　松井辰一郎

愛しきは星と稲妻、なやましく丼に酒あふれせしめよ

松井辰一郎。浅草、上野に隣接「恐れ入谷の鬼子母神」の入谷に育った下町ッ子。明治四十年創業の時計屋の三代目で、私の住持寺の総代の息子。長い髪を後ろで束ねたスタイル。松井さんは実は、自宅の地下に音響装置を完備した稽古場を持つ、ロックミュージシャンでもあった。

その彼が、毛糸の帽子を被って墓参に来た。抗癌剤の副作用で髪の毛が抜け落ちてしまったと言うのだ。入院先の病院へ、何度か見舞いに行った。いつも留守だった。聞けば少年

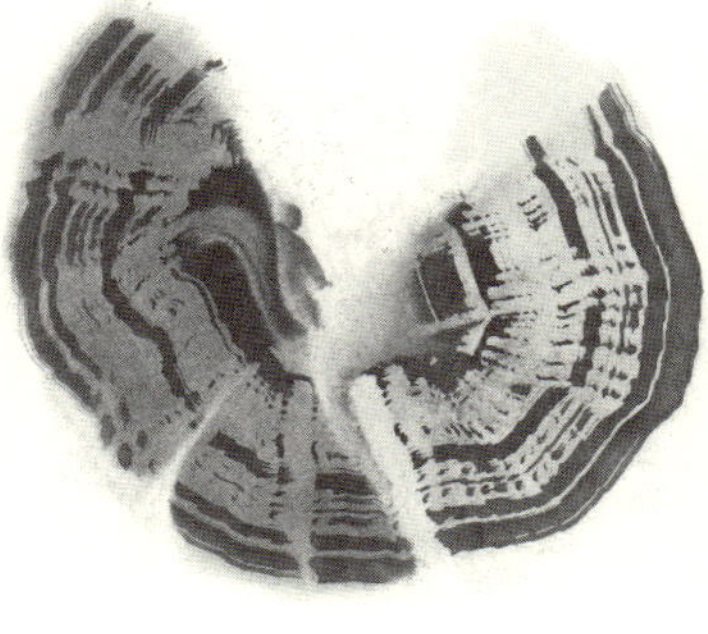

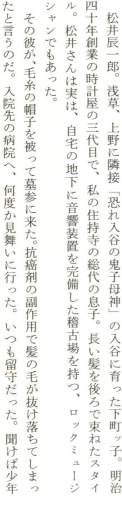

時代からのオートバイ狂。一人息子とあって、なに不自由なく育てられてきた。

吹く風は
髪を逆撫で頬を切る
青春無聊の風の
悲鳴よ

神妙な顔をして私の前に現れたのは、二〇〇六（平成十八）年の六月。医師に、年内の死を宣告されたという。私の狼狽をよそに、松井さんは淡々と話し始めた。

「ついては、やりたいことが三つあります。一つは、石垣島の蝶の採集」。松井さんは、小学生の頃からの蝶のコレクターであった。

二つ目は、私のライブに出演したい。三つ目は、私と酒が飲みたいということであった。告白しておきたいことがあるのだろうか。

数日後、私たちは近くの居酒屋でしんみり酒を飲んだ。よし、わかった。私は、吉祥寺「曼荼羅」での、月例短歌絶叫コンサートに出演をお願いした。

小康を得た松井さんは、石垣島へ飛び立って行った。医師の宣告がはずれることを私はひたすら祈った。そして年を越した二〇〇七年一月、ロックミュージシャンの出番がやって来た。

「墓場まで何マイル？」
とう叫びしを
マイナーブルース
火達磨となる

松井さんのギター演奏によるマイナーブルースは素晴らしかった。ピアノの永畑雅人も、ドラムの石塚俊明も、歓喜した。最後に、私は心をこめて寺山修司絶筆「墓場まで何マイル？」を絶叫した。二月、三月にも出演してもらった。その都度、松井さんは愛車を駆り、高速を爆走して来るのである。

三月十日、私たちは、ギターを背にＢＭＷに跨り、家路を急ぐミュージシャンを、拍手で送った。振り向きざま、微笑が返ってきた。オートバイは突如スピードをあげてネオンの闇へと消えていった。それが、魂のブルース奏者松井辰一郎との最後であった。

訃報に接したのは、その八日後、祭壇には、石垣島の青い蝶の標本が飾られていた。まだ五十四歳だった。

天涯の紺　辺見じゅん

濛々と湧く雲の果て純白のマフラー母より賜いし肉は

詩友小中英之と、昼を梯子飲みしていた。気が付くと瀟洒な和室、仏壇には角川源義の遺影。この夜、私は、『呪われたシルク・ロード』でデビューしたばかりの、作家辺見じゅんと出会っている。

ほどなく処女歌集『雪の座』の恵贈を受け、彼女が角川家の長女で、人間の歴史に熱い眼差しを注ぐ歌人であることを知る。

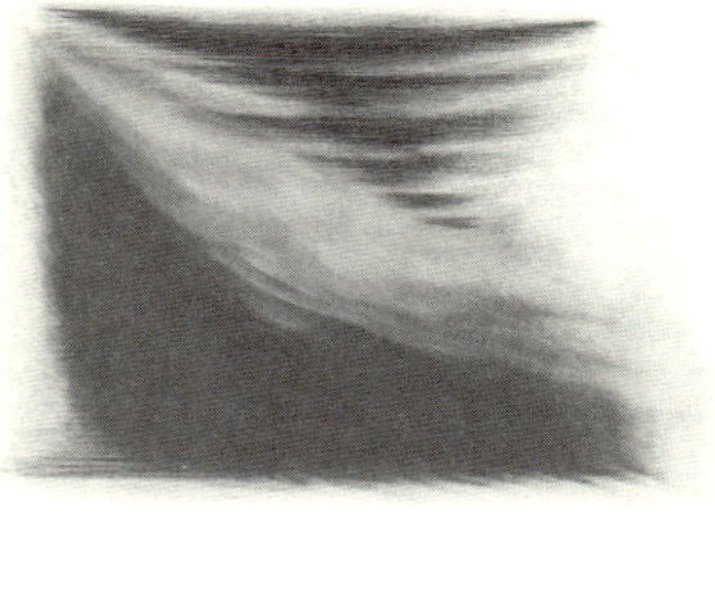

いきいきともの食《は》むわれや飢餓死なるシモーヌ・ヴェーユの八月の朝

戦争に抗議し、若き命を散らした異国の婦人への時空を超えた連帯の表明である。

一九七〇年代の半ばも過ぎようとしていた。以後、彼女の活躍は目覚ましかった。一九八四（昭和五十九）年、『男たちの大和』で、新田次郎文学賞を、八九年には、『収容所《ラーゲリ》から来た遺書』で、大宅壮一ノンフィクション賞を受賞。この間、彼女は南溟はるか戦場を巡り、ジャングル深く遺骨収集の旅にも加わった。異国に果てた兵士たちの魂魄（遺書）は、こうして祖国の土を踏んだのである。

歌人小中英之の訃報に接したのは、二〇〇一（平成十三）年十一月。小中も辺見も幼い戦争体験者であった。辺見じゅん最終歌集『天涯の紺』（角川書店）にこの歌がある。

こころざし月下に薙《な》ぎて逝きしかと真悲しければ菊祭せむ

孤独死を遂げた歌人への、そして十年後の秋にやってくる自身の死へ献じた比類ない挽歌であるように思われてならない。

後書に、「戦死者の魂に導かれて作品を書いてきた」の一語がある。

わたつみに生きて還らぬ死者たちの夏雲ふくれしづかに崩ゆる

まこと、遅れて生まれてきた女人でありながら、ある時は母の、ある時は姉の、ある時は妻の慈愛と、迸《ほとばし》るような情感をもって、若き戦死者に接し、国家がとらなかった責任の一端を果たそうとしているのである。

角川書店創業者で国文学者を父にもつ彼女は二〇〇二年、父の志を継ぐべく幻戯書房を創設。私の評論集『祖国よ！』の副題「特攻に散った穴沢少尉の恋」は、辺見じゅんの命名である。

人間はなやましきこと多けれど天涯に桔梗の紺の風吹く

最後にお会いしてから一年……。辺見さん、天涯の雲の果て、紺の風吹いていますか。

ナベサン　渡辺英綱

悲しみの鎮めがたくば立ち尽す花に嵐のさらばわが友

闇市時代の雰囲気をいまにとどめる一郭がある。人呼んで新宿ゴールデン街。「ナベサン」の階段を初めてのぼったのは、三十七年前の寒い冬の夜。主《あるじ》の名は、渡辺英綱、通称ナベさん。福島県いわき市草野の殿様の末裔であるという。

あれは花園神社の桜の花も咲きかけた夜だった。ナベさんは、プロレス中継を観ていた。勝者坂口にアナウンサーが、「誕生日おめでとう」と、マイクを差し向けると同時だった。隣の客が、「あっ、俺と同じだ」。間をおいてナベさんがカウンターの中から、「俺もそう

だ」。

私は、その偶然性に声もなかった。三月二十五日は、私の誕生日でもあったのだ。三人はグラスをぶつけ合って、淋しく乾杯をした。以後、誕生日はナベの店で過ごした。

曇硝子の窓の
むこうにあまたなる
顔あらわれよ
花園の夜

渡辺英綱は、著書に『新宿ゴールデン街』（晶文社）をもつ評論家でもあった。『花田清輝全集』『モーツアルト全集』が林立する書斎に招かれ圧倒された覚えがある。

そんな関係で、作家や詩人、記者や編集者、芸術を目指す若者たちがたえず出入りし、議論や喧嘩の絶えない店でもあった。時に仲裁役のナベさんが、大立ち回りを演じることもあった。

酒場は、人生の吹溜りでもある。しこたま愚痴り、客は帰って行く。しかし日々、聴く方には疲労が鬱積する。

あれから二十数回目の三月二十五日、ナベさんは不在だった。新妻の菜穂子さんが目に涙を浮かべて話してくれた。さきほど、看護婦さんたちから贈られたフォアローゼスを開けてベッドで乾杯したという。末期の食道癌だった。

滔々と水は流れて
悲しくば
鶴ちくしょうと
思うゆうぐれ

何度か見舞った。医師に勧められ、一緒に酒盛りもした。病室からは咲き残った桜が雨に煙っていた。最後に見舞ったのは、二〇〇三年四月二十二日、死の前日だった。ナベさんは、ワーグナーの「ワルキューレ」を聴いていた。故郷の村を書いた小説『鶴ちくしょう』（壮神社）が遺作となった。まだ五十六歳だった。

ナベサンで肩を並べて飲んだ中上健次、石和鷹、小笠原賢二、立松和平、清水昶ら時代の戦友たちも、一人ずつ姿を消していってしまった。

志気と感傷　村上一郎

一期は夢なれどくるわずおりしかば花吹雪せよ　ひぐれまで飲む

桜の季節になるとこの人のことを思い起こす。文芸評論家村上一郎、私に歌を書くこころ、「感傷」のまた「述志」のなんたるかを教えてくれた人だ。

一九六〇年代に文芸誌「無名鬼」を桶谷秀昭と創刊。近・現代文芸の主軸に短歌を置き、『日本のロゴス』『浪漫者の魂魄』『志気と感傷』などの著作を通して、定型詩文学を鼓吹してやまなかった。

私がこの人の著作を真剣に読むようになったのは、一九七〇年代に入ってからである。

七一（昭和四十六）年に刊行された歌集『撃攘』の虚飾のない殉情に打たれたのだ。ゆきばを失った全共闘世代がこの歌集を支持したこともよく分かる。

　この歌なども佳《よ》い。


　　昏々とこの夜を眠れわかくさのつまてふものはあはれなるかな

壮烈な最期を遂げた三島由紀夫に捧げられた挽歌で、若草の妻を残して出征する兵士の心情を嘆じたものである。

「感傷なくして、なんの人倫か」。この言葉も痛かった。戦後社会が否定し、蔑んできた感傷を、人の生き様の根底に置いたのである。まこと喜怒哀楽なくして、なんの人生であろう。

　だが、神経の繊細なこの人は常に躁鬱の辛い崖《きりぎし》に身を曝してきた。東京商大（一橋大）から海軍に入隊、主計大尉で敗戦を迎えた村上は、常に戦後社会への違和感を激発させていたのだ。三島由紀夫がそうであったように、この人もまた日本刀による自決を選ぶ。

「バリケード戦から山の中の住職になったとかいう、さして珍しくもない履歴で虚名を得た福島泰樹のその後を考えると泪がしみてくる。わたしは、彼の知らないうちに彼と同志的かかわりをもったこともある」。村上さんが最後に書いた雑誌の一文である。

花吹雪
鬱金薄墨鬱血の
林を抜けて
ゆきたるや君

寺の前の土手の、咲きかけの桜の木の下に一升瓶をもちだし、村上さんの茶碗に酒を注いだ。愛鷹《あしたか》山の頂きが涙に煙っていた。遙か同志への、一人する葬送の宴であった。武蔵野市吉祥寺の自室で、村上一郎が右頸動脈を切断したのは、一九七五年三月二十九日白昼。おりしもその日、首都に開花宣言が発せられた。

絢爛と散りゆく
ものをあわれめば
四月自刃の、
颪の悲鳴よ

杜学　藤原隆義

黒焦げになりて果てにし者たちに熱き木の実や花ふらしめよ

文学部の西洋哲学科に入学した一九六二（昭和三十七）年。学内には六〇年安保闘争の挫折感が漂っていた。クラス委員には、Mと君が選出され、恙《つつが》無く時は過ぎていった。

「ロシア革命史」
小脇に抱え
肩で扉《ドア》押し来る霧の

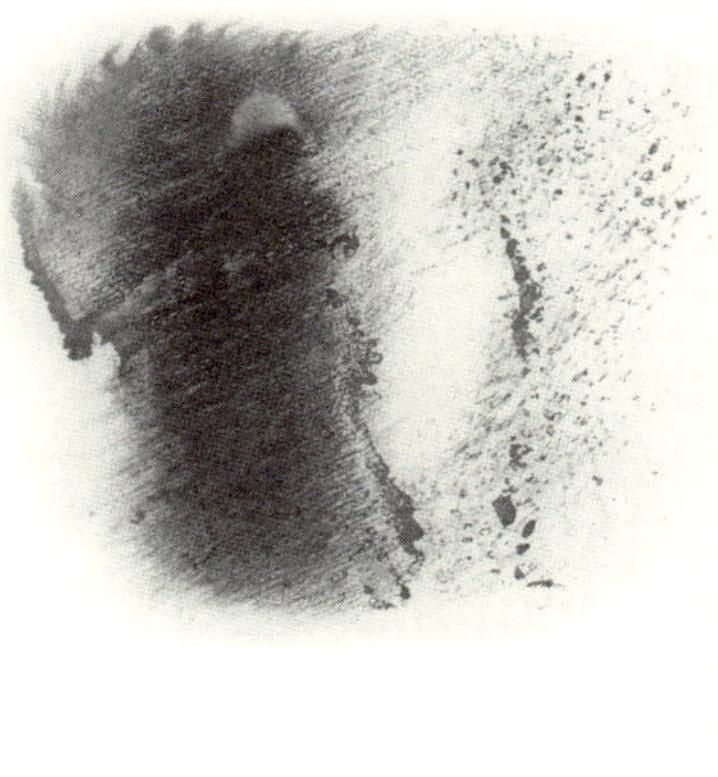

彼方の友よ

やがて大学三年の春を迎え、学内は紛糾してゆく。藤原は革マル派の活動家で、自治会の常任委員であった。私たちクラスは、彼らを追放《パージ》した。レインコートをいつも纏った藤原の表情が、日々凄みをましてゆく。

ベトナム戦争は日々激化していた。日韓闘争に続く、早大学費学館闘争の中、同級生は卒業していった。バリケードに桜が吹雪いていた。最後に君に会ったのは、一九六九年一月、機動隊導入前の東大構内だった。訝《いぶか》しげな表情の後、静かな微笑が返ってきた。お前なんかが来る場所じゃあないよ、と言いたかったのかもしれない。

消炭色《チャコールグレー》の
レインコートを
その時も纏いて
紅蓮の炎となりしか

一九七八年四月、新聞で君の死を知った。君は、仲間三人と埼玉県浦和市内で、集団に襲われ、輸送車ごと焼き殺されたのである。遺体は識別できないほど炭化していた。

同級生の死は、怠惰な日常を生きる私の「生」を深く抉った。「十二年の歳月ひたすら逃れ来し君に撲《う》たれし肩も快癒す」「弁解にもしやあらねど咽喉仏《のどぼとけ》誰に噛まれて苦しかりけり」。ただひたすらに歌を書くことしか、私にはなかった。

藤原隆義、一九四一年四月、日本統治下のソウルに生まれ、幼年時代を島根の山村で過ごし、中高校時代は福岡で読書に没頭、神学に興味をもつ。西洋哲学科を選んだ理由であったのかもしれない。

大学入学後は、米ソ核実験反対を契機に学生運動に身を投じ、以後は組織の中核を担って活動。いまだ、三十六歳になったばかりの死であった。筆名を「杜学《もりまなぶ》」という。

消炭色《チャコールグレー》の
レインコートが立ち尽す
白きメットの
頭《こうべ》を下げて

この四月十日は、君の三十五回目の命日。この日私は、東京吉祥寺のライブハウス曼荼羅で、藤原隆義に献じた「柘榴盃の歌」を絶叫する。

よせやい　吉本隆明

戦後民主主義の極みやマスメディアに飼い慣らされて国滅ぶべし

最初に読んだのは、安保闘争の総括の書『擬制の終焉』であった。「思想」とは「責任」を負って生きてゆくこと、「転向」の問いも重たかった。一九六五（昭和四十）年刊行の『言語にとって美とは何か』は、西洋哲学科在籍の私が、避けて通れぬ書で、その難解さに泣かされた。六〇年代後半、私の身辺にも政治的嵐が吹き荒れ、吉本隆明二十代の詩集『転位のための十篇』の世界をいきいきと体験する。「ぼくがたおれたらひとつの直接性がたおれる／もたれあうことをきらった反抗がたおれる」。吉本さんの詩をベースに、こんな

短歌を綴ったりもした。

歩哨兵
わがゆくてには
落日の河　明方の
橋ありしかな

七〇年代の半ばになって駒込千駄木のお宅をお訪ねした。日本の知識人の多くは大学に所属しているが、この人はそうではない。人家密集する露地の一郭に住まい、売文をもって生業としている。『福島泰樹歌集』（国文社「現代歌人文庫」）の解説を頂戴したのもこの頃である。「心弱い浪漫派」と看破されてしまった。

再び吉本家をお訪ねする機会がやってきた。白い木槿《むくげ》が咲く露地、玄関口に八十五歳の吉本さんが迎えて下さった。虚子の句の掛軸かかる明るい和室でお話しを伺った。一昨年の五月のことである。

いかに泰子
その前日はわけもなく

ただもうわれは
雲雀であった

話は、長谷川泰子をめぐる中原中也と小林秀雄との三角関係に及んだ。泰子を、中也から小林が「奪った」事件に私がふれた途端だった。「そういうの奪うって言うの」「冗談じゃあねえよ」。吉本さんの語気が強まった。

「それは人間関係において一番難しい、とてもきついことで、そんな簡単な言葉で割り切れるものじゃあない」。しばらくおいて、「よせやい！」。

叱られて聴く、東京下町言葉の歯切れよさであった。足腰も弱り、視力は極度に衰えておられたが、思考はますます旺盛であられた。八月にも参上、話の続きを伺った。

関東大震災の翌年、東京湾に面した月島に生まれ、戦後の思想を力強く領導した「知の巨人」であった。前年、大震災、原発事故を体験し、この三月に逝去された。大学入学の年に出会って五十年。私にとって吉本隆明は、時代という暗い波濤を照らす灯台であり続けた。

無頼の友　石和　鷹

さらばわが無頼の友よ花吹雪け　この晩春のあかるい地獄

いきなり坊主頭に接吻された。「お前が、歌人の福島泰樹か」。新宿歌舞伎町のバー「アンダンテ」、水城顕との出会いである。その夜、私たちは何軒かを飲み歩いた。

肩組んで梯子せし
夜や街の灯や
「鉄腕ボトル」と名告《なの》りし

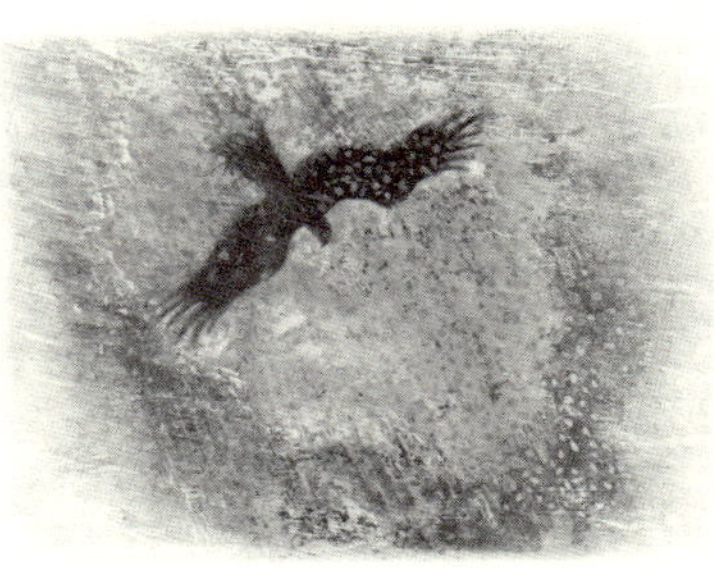

男よ

数日後、黒塗りの車が寺の前にとまった。水城さんは、文芸誌「すばる」の編集長で、原稿をとりにの来訪であった。数年来、私は中原中也の詩と人とを「短歌に変奏」（磯田光一命名）という試みを続けていた。作品は「すばる」に連載。歌集『中也断唱』となって思潮社から刊行され、話題を呼んだ。

やがて水城さんは、夫人の死を転機に作家に転身、深沢七郎命名の石和鷹を名告る。今度は私が、原稿を読む番となった。当時私は、立松和平、高橋三千綱、三田誠広らと「早稲田文学」の編集委員を引き受けていた。一九八五（昭和六十）年、「早稲田文学」に推薦した「掌の護符」が芥川賞候補となる。五十を過ぎてからの作家デビューであった。八九年『野分酒場』で泉鏡花文学賞を受賞。九五年『クルー』で芸術選奨文部大臣賞と、着実に作家の地歩を固めていった。夫人の墓を私の寺に建てた作家は、足繁く墓参に来た。酒を飲んでは大声で笑い合った。豪放磊落な水城さんは、小兵ながら大の酒飲みで、大のヘビースモーカー。私の忠告を余所《よそ》に、うまそうに煙草を吹かすのだった。

咽頭癌摘出前夜
こっそりと

盃《さかずき》を揚ぐ
笑みを忘れず

手術前夜、立松と水城さんを見舞った。「声を無くしたって、作家にはペンがあるじゃあないか」。涙ぐましい思いで私は、立松の励ましを聴いていた。ここからが作家石和鷹の正念場であった。

「親鸞の再来」と謳われ、愛欲の海に沈淪した稀代の僧に、自らの生を重ね合せた大作『地獄は一定すみかぞかし――小説暁烏敏《あけがらすはや》』の雑誌連載が始まったのだ。医師はいつ死んでもいい状態であるという。連載が完了し、新潮社から単行本となったのは、死の三ヵ月前であった。必死の書に第八回伊藤整賞が贈られた。小樽が最後の旅となった。一九九七年四月二十二日午前八時四十分。作家は私の読経を聴きながら、咽の穴から最後の息を吸いこんだ。行年六十三歳。病院の外に出ると、八重桜が風に吹雪いていた。

チャップリン演じる
あわれ「街の灯」の男
想うぞ
君逝きし朝

「やっさん!」　横山やすし

喇叭《らっぱ》飲みしつつ歩けばびしょびしょに濡れてワイシャツ滴《しずく》を散らす

思い起こして夢のような出会いだった。私の短歌絶叫コンサートが話題を呼んだのだろう。関西テレビ放送の「ノックは無用!」なるトーク番組の出演依頼が来たのだ。

毎週土曜日、正午からの一時間番組で、横山ノックと上岡龍太郎が司会をつとめる生放送である。この日のゲストは、野口五郎と福島泰樹、他に……。

青春の

その日再びかえらぬが
また会おう
そして涙ながそう

薄物のカーテンが開き、私の登場である。黒帽子に黒マント、中原中也に扮した私は身を反らして絶叫した。

「渓流《たにがは》で冷やされたビールは、／青春のやうに悲しかつた。／峰を仰いで僕は、／泣き入るやうに飲んだ。」「ビショビショに濡れて、とれさうになつてゐるレッテルも、／青春のやうに悲しかった。」と叫んだ途端だった。ゲスト席から野次が飛んだ。

「なんやお前、芸人のくせして台本みとるんやないで！」

持ち時間を野次られ続け、席についた。野次の張本人は、横山やすしであった。並び合って座ったのもいけなかった。

「そうじゃない。私のは、朗読だ。だから暗誦してても、台本を構えるんだ」

酒気芬々のやっさんに、私の抗弁は通じるはずはなく、いがみ合ったまま番組は終了した。台本など、芸人魂が許さなかったのであろう。

縄暖簾かなしからずや

人生に
敗者復活戦など
あらぬ

誘われて昼の酒場に来ていた。二人のやっさんが向かい合ってなにやら愉快に語り合っている（竹馬の友は、いまでも私を「やっさん」と呼ぶ）。

「びゅーん、びゅーん」

ビール瓶をハンドル代わりに、やっさんがモーターボートを全速力で疾駆させている。体を屈め顎を引き、やっさんは叫び続ける。

「びゅーん、びゅーん」

なんて、純で一途な男なのだろう。

それから黄昏の盛場を肩を組んで歩いた。いきなりやっさんが、キスしてきたのだ。意気投合が、嬉しかったのだろう。それから何処をどう歩いたのだろうか。翌朝、新幹線で、「やすし、東京の歌人に暴言」なるコラム（「毎日新聞」）を見た。

あれから二十数年、やっさんは、あの世でもモーターボートを操縦し続けているのだろうか。「ビショビショに濡れてとれさうになつてゐるレッテル」を思った。

悲しみの連帯　高橋和巳

原稿用紙の上にたばしる時雨あらば孤立無援よ濡れてゆくべし

一九六二（昭和三十七）年、『悲の器』でデビューした高橋和巳は、学生時代の私が最も影響を受けた作家で、「文芸」発売日を心待ちにしたものだ。重たい過去（思想）を背負ったまま、戦後のなまぬるい時代の日常を生きる、『散華』『堕落』の主人公たち。

『日本の悪霊』の一フレーズを私は、いまでも諳《そらん》じることができる。

「人間はどんな時にでも飯を食わねばならぬ。じくじくと胃の痛むときも、手が洗っても洗っても落ちぬ血糊の臭いのするときも」

評論集『文学の責任』『孤立無援の思想』は私に、「生れ、労働し、愛し、死んでゆく」運命を背負って生きてゆかなければならない、人間の在りようを諭してくれた。

高田牧舎で酌み
交わしたる秋の日の
一期一会の
盃《さかずき》なるに

一九六六（昭和四十一）年秋、講演会を企画。後輩が、二度断られて帰って来た。

「よし、俺が行こう」

教鞭をとる明大を訪ねた。

「三顧の礼をとられたなら仕方ない」。憂愁をふくんだ微笑《えみ》が返ってきた。

講堂は、立錐の余地もなかった。開口一番、私は叫んだ。

「野次、妨害をする者は、物理的に排除する！」

早大闘争の秋、構内はいまだ騒然としていた。壇上で高橋和巳は、人と人とを結ぶ紐帯を「悲しみの連帯」と言った。文学の、宗教のなすべきことを言いえている。

講演前、二人で酌み交わした高田牧舎《レストラン》での酒が忘れられない。「短歌で号泣できるか」と、私は問われていたのである。

　君が居て
　君をとり巻く若草の
　京大パルチザンなる
　ヘルメット見ゆ

　翌年、明大を辞職。京大文学部助教授に就任。時代は六〇年代後半の政治的動乱の時を迎えていた。学園闘争は全国に飛び火、学生は教官に「自己否定」を迫った。中国文学の真摯な研究者でもあるあなたは、身を以てそれに応えようとした。評論集『孤立の憂愁の中で』は、その苦悩する魂の記録である。

　責務に生きるあなたは大学を辞任。心身を疲弊し、ついには『わが解体』を招いてしまうのだ。一九七一年五月三日死去、まだ三十九歳の若さであった。

　高橋さん、お会いしてから四十六年、二十三歳の窮措大《きゅうそだい》も来春は、古稀を迎えます。胸を張って報告申し上げます。

　最新歌集『血と雨の歌』に至るまで二十六冊、短歌をもって号泣し続けてまいりました。

未青年　春日井 建

高橋和巳寺山修司春日井建わが弔いの五月ゆくべし

春日井建が歌集『未青年』でデビューしたのは、一九六〇年秋。三島由紀夫は歌集序で「歌には残酷な抒情がひそんでゐることを、久しく人々は忘れてゐた」「われわれは一人の若い定家を持つたのである」と讃歎した。「両の眼に針射して魚を放ちやるきみを受刑に送るかたみに」は、初恋に破れた私の十代の愛誦歌である。

さはあれど

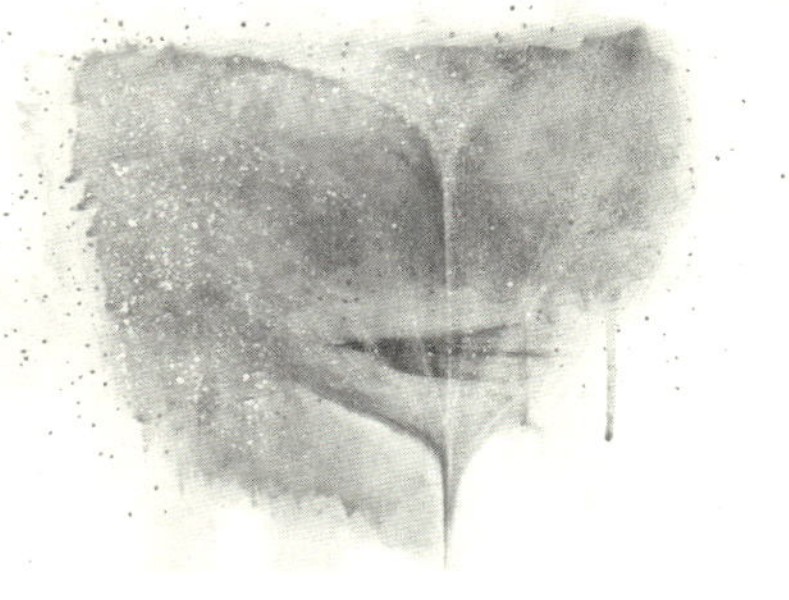

君も無頼か熱き血ゆえに
首刎ねられし
男等の歌

一九三八（昭和十三）年十二月、愛知県江南市に生まれた春日井は、幼い戦争体験者であった。「生きをれば兄も無頼か海翳り刺青のごとき水脈はしる」。エロスに充ちた歌集を覆う死のイメージ、巻頭に置かれた「大空の斬首ののちの静もりか没ちし日輪がのこすむらさき」の、気宇壮大な歌の意味を改めて思う。
海に没してゆく夕陽を首級に譬えたこの一首こそは、あの戦争で死んでいった若き兵士（兄たち）への哀切極まりない挽歌であったのだ。

正絹の黒襯衣《シャツ》、肩で
風を切る
その端正な
スキンヘッドよ

抗癌剤はこの人の毛髪を奪った。黒いニット帽を被り、テレビにも出演し続けた。最終歌集となった『朝の水』（短歌研究社）の後書に心が震えた。「イラクをはじめ世界の不穏な状況はさらに増加している。私一人の幸、不幸など小さなことに過ぎない」。中咽頭癌の痛苦と闘いながら、おのれ亡き後の世界の行く末に想いを致しているのである。

少年春日井建を世に送り出した作家中井英夫の訃報に接した氏は、名古屋から上京。前日から東京中を探し回り、ようやく私の寺で遺体となった作家と対面した。あれからすでに十九年……。

おのれなき
あとの行く末
目に痛き窓の向こうの
ひかる雲など

名古屋で開催された私の短歌絶叫コンサートにも必ず足を運んでくれた。生涯を娶らず、義理堅く、ダンディーで、誇り高く、スーツの胸元の涼しい美しい人であった。

二〇〇四年五月二十二日死去、行年六十五歳。ひたぶるの情は、定型詩短歌の中に凝縮させた。一生を「未青年」であり続けた。

「噴泉のしぶきをくぐり翔ぶつばめ男がむせび泣くこともある」。けだし絶唱である。

少年　清水 昶

蒼ざめた馬に跨り白髪を風になびかせ駆けゆけよなあ

清水昶が、詩集『少年』でデビューしたのは、一九六九（昭和四十四）年。火炎瓶が炸裂し、若者は血を流して戦っていた。「世界からしめ出されぬうち独力で世界をしめ出す」「銀のフルートににた銃口となって／ついに一語の／凶弾となれ！」。バリケードの中で、彼らは言葉に飢渇していた。自らの行為の勲《いさおし》としての言葉に。君は、奔放な暗喩《エロス》と厳格な論理《タナトス》をもって、それに応えた。

「朝の道」
読みしは愛鷹山麓の
荒れ寺の酒徒と
呼ばれたる比《ころ》

一九七一年、地方の書店で君の詩集を手にし、体を震わせていた。『少年』の詩人と『バリケード・一九六六年二月』の歌人との対談を企画したのは、「週刊読書人」の編集者だった小笠原賢二である。七〇年代を君は「白夜の時代」と称し、私は「挽歌の時代」と呼んだ。輪郭のないしらじらとした闇の時代を人は、どのように生きてゆくのだ。直立するに至る、思想の困難な道程《みちのり》を君は倫理的に語り歌った。

「求道としての詩」を君は模索し続けていたのだ。そうだとも、時代に敗れ、状況に押し流されようと、言葉は負けてはならない。言葉こそ、最後の砦！　会えば私たちは、日がな一日、酒を飲み縺《もつ》れ合いながら、言葉の居場所を探し求めた。眠らずに転々と飲み歩いたこともあった。

きみの歯は
いまでも白く光っていますか

津波のことを詩《うた》わず
死にき

一九八〇年代、九〇年代になってからも、君の詩魂は衰えることはなかった。この間、君は、六冊の詩集と十数冊の評論集を刊行。ところが、二十世紀の重たい緞帳が下りた途端、君は寡黙の人になってしまった。パソコンに「俳句航海日誌」を立ち上げ、何万句かを作り続けたらしい。

「おれたちは所詮／海に漂う藻屑のようなものかもしれないね。／全世界の人間が生きながら死んでいるような昨今だ」「水が欲しいよ　いのちの水が」

二〇〇四年秋、評論家小笠原賢二の死に寄せた君の詩が忘れられない。

君もまた私が敬慕する五月の死者（高橋和巳、寺山修司、春日井建）の一人に列してしまった。詩人の声が聴こえる。

ゆうぐれに
両手透かしているように
ゆっくりと死ぬんだよ
泰樹さん

パラソル　梅津登志

みんな別れてゆくのだ鐘の鳴る丘をみあげていれば涙あふれき

毎月十日、東京吉祥寺曼荼羅で月例「短歌絶叫コンサート」を開始して二十七年になる。どうしたことだろう毎回、「さよなら、さよなら！／いろいろお世話になりました」に始まるこの詩を絶叫しないと、気が済まなくなったのだ。

「こんなに良いお天気の日に／お別れしてゆくのかと思うとほんとうに辛い／こんなに良いお天気の日に」

詩は中原中也「別離」、永畑雅人が絶妙のピアノを奏でてくれる。

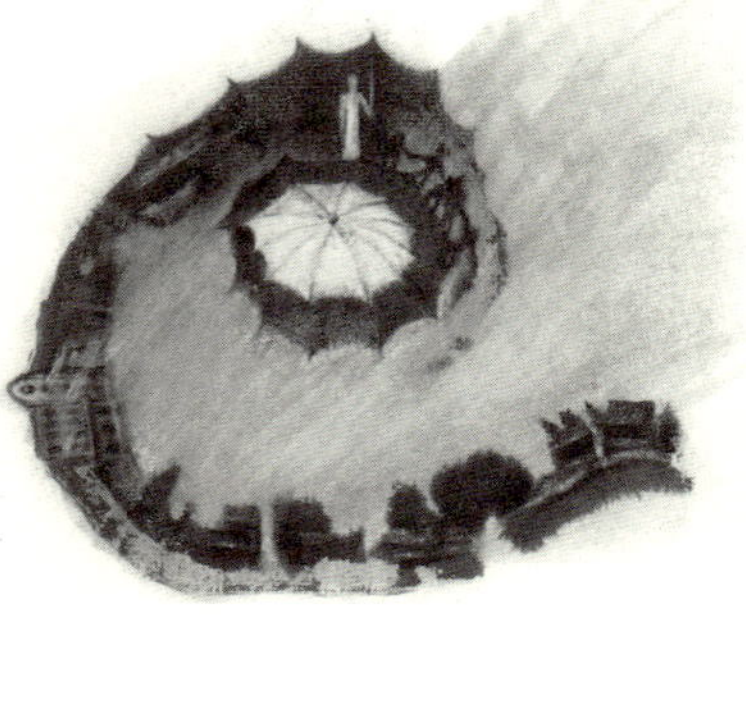

憶い出は
霜焼けの手に降り注ぐ
あかい血よりも
あかい冬の陽

あれは、やけに天気のいい冬の日であった。梅津先生が教壇で話をされておられる。陽は残酷なほど明るく、教室に美しい影をつくっていた。

幼い私が霜焼けの手を置く固い樫の机は、戦前からのものであろう。六十数年もの歳月を経て、黒ずんだ机のその質感さえも、鮮明に思い描くことができるのはなぜか。

先生は淡いベージュのスーツを召されている。むろん、戦争からまだ日が浅い六歳の幼児が「スーツ」などという言葉を知るわけはない。瞳の奥に灼きついている映像に、名辞を与えているのである。

姿勢を正したまま私は泣いていた。おんおん泣いていたのだ。涙はとめどなく瞼に溢れ、頬に滴り落ちた。涙が熱いことを知ったのは、この時であったのか。この授業を最後に、梅津先生が、隣の竹町小学校に転勤されてしまうのだ。最後に先生と、泣きながら歌を唱ったのを覚えてる。

「さよなら、さよなら！／あなたはそんなにパラソルを振る／僕にはあんまり眩しいのです」

ステージで、この場面を絶叫すると、遠離ってゆく先生が見えてくるのだ。きりりっとして男勝りのする、パラソルの似合う美しいひとであった。

晴れやかな
別れかさねて来しならず
赤い唐傘
白いパラソル

あれから、数え切れないほどの別れを重ねてきた。先生の住所を知ったのは三年前の五月、たまらず電話した。梅津登志先生は、前川姓になっておられた。「やすきちゃん、よく覚えているわ」。テレビで私を見た、病気で寝ていて、もう誰にも会わないとのことだ。六十年もお会いしていないのに、なぜに私だと分かったのだろう。

それにしても……、冬の日に、パラソル！　歳月がつくりだした私の、切ない幻想であるのかもしれない。

かんべさん　神戸 明

サンタールチア駅のベンチよ青春の夢にたちあらわれいでし幾人

その朝、東京は快晴。車を運転しながら妻は言った。「少女時代からの私の夢は革命家の妻になることだったの」。初めてする告白だった。「俺なんか、とても……」。照れた笑いが返ってきた。

編集者作家
静かな革命家

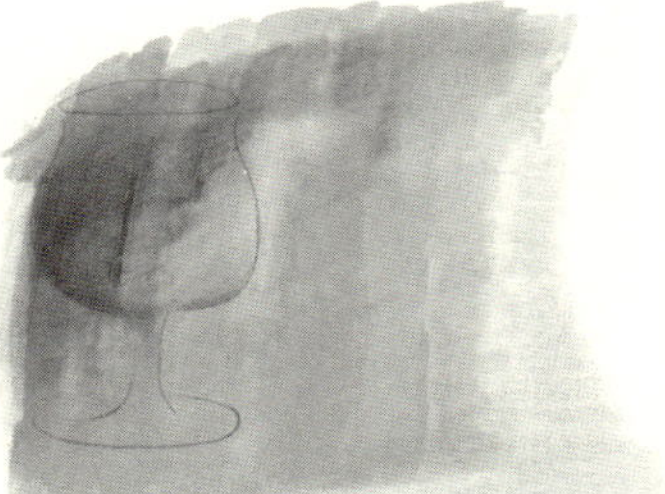

人生の渚に咲いた
白い花々

車を置いて、いつものテラスで珈琲を喫《の》んだ。話題は、これから始まるパリでの生活。すでにアパートメントも契約してある。好きなカメラを友とし、パリと香港と東京を往き来しながら小説も手がけたい。長く育んできた退職後の夫の夢であった。

夫は長い道のりを思った。故郷は北関東、空っ風の中で孤独な幼少年時代を過ごした。血縁の者も死に絶え、早稲田の文科に入学したんだった。占領下の貧しい時代を、マルクスを読み、レーニンを読んだ。血のメーデー、基地反対闘争。権力を憎悪し、世界の平和を心の底から希《ねが》った。

紆余曲折はあったが光文社に入社し、推されて組合の委員長になった。安保、日韓、そして六〇年代後半。学生や労働者は血を流して戦っていた。一九七〇（昭和四十五）年、百名を越える不当解雇、光文社闘争の幕開けだ。「闘争新聞」編集の日々を、夫はしみじみと妻に語った。「六年にも及ぶあの連帯の日々を俺は忘れはしない」。

初夏の日眩い銀座の賑わいを歩き、カメラ屋のウインドウを覗いていた。やがて夫の痩身が大きく傾《かし》ぎ妻の胸元に雪崩れ落ちた。神戸明よ、日曜日の銀座のど真ん中で、孤独な夢を抱えたまま死んでゆくなんてモダン過ぎるぞ。

濃き夜の
霧の真上をごうごうと
吹きくる風は
俺の兄貴か

パリに発つ年長の友の前途を祝し、ローマで乾杯をする約束をしていたのだ。私は予定通り、ひとりイタリアを旅し、ローマ空港で夫人を待った。

夫人は、レストランのテーブルの上に写真とハンカチに包んだ遺骨を置いた。私たちは神戸さんのグラスにコニャックを注ぎ、グラスを合わせた。遺骨は憶い出のセーヌ川に流すとのことだ。

神戸さん、あれから十五回目の六月です。ボンジュール！　俺の兄貴よ。

セーヌ河畔
テラスに座して
新聞を読む痩身の
君を思えば

「よかった、うん!」　勝 新太郎

短歌絶叫コンサートの暗闇でまなこみひらきいたりし人よ

十五年前に刊行した『弔い―死に臨むこころ』（ちくま新書）の頁を開くと、「二十二日朝、ミラノを経由し成田に到着、勝新太郎の死を知る」という記述がある。年長の友神戸明を追悼してイタリアを旅したのは、一九九七（平成九）年の六月のことであった。

相次いで
逝きたる友の名を呼ぶに

ミラノは霧よ
泣きながらゆく

「六五歳 下咽頭癌で死去」。成田のキオスクで手にしたスポーツ新聞の見出しだ（三月、萬屋錦之助の悲報に接したばかりではないか！）。

勝新太郎が癌の宣告を受けたのが前年の夏、手術を拒否しての病床にありながら最後まで俳優復帰を目指したという。声を喪った俳優（自身）の姿など想像だにしたくはなかったのであろう。記者会見で平然と煙草を喫う姿は、いかにもこの人らしい。知らず、弱きを助け強きを挫くヒーロー像に、この人を重ね合わせていたのである。

勝主演の大映シリーズもの第一弾「悪名」の封切りは一九六一（昭和三十六）年。田宮二郎とのコンビは絶妙、痛快このうえなかった。ついで六二年、「座頭市物語」は、俳優の存在を不動のものとした。田村高廣演じるインテリ上等兵との「兵隊やくざ」も手に汗を握った。

「悪名」シリーズ全十六作は、十代の終りから三十代に至るわが（学び戦おうとした）青春時代と重なり、忘れることができない。だから一九七八年、散弾銃による田宮二郎の死は心底悲しかった。四十三歳の男盛りではないか。

銃身を胸に抱《いだ》いて
目を瞑る
どうしようもなく
霧濃き闇に

人は思えば思われるのか、勝新太郎に会う機会が訪れたのだ。あれは港区虎ノ門の葵会館であった。満州映画協会以来の記録映画制作者・松岡新也監督の記念パーティーのアトラクションで、絶叫コンサートを披露したのである。

監督には旅と酒の歌人、若山牧水を追った映画と『幾山河の歌・牧水』という著作がある。

「なほ耐ふるわれの身体《からだ》をつらにくみ骨もとけよと酒をむさぼる」

正面に凛と立つその人に目をそらさずに私は牧水を絶叫していた。あろうことかその人が握手を求めて来たのだ。

「よかった、うん」と一言、勝新太郎は悠然として会場を立ち去っていった。ビルの外には六月の雨が煙っていた。

青春のやうに悲しかつた　高森文夫

渓流《たにがわ》にビール冷やせばレッテルの剥げて青春無聊の日々よ

音楽評論家吉田秀和死す、九十八歳であった。詩人中原中也と、高森文夫が出会った時代を知る最後の人である。

高森文夫と
酌みし美酒《うまざけ》陽の国の
無頼の笑みの

愛しかれども

成城高校の後輩吉田秀和と高森は、東京市郊外砧《きぬた》（世田谷区）の畑の中の貸家で生活していた。嗄《しわが》れ声の男が吉田を訪ねて来る。雪の中、黒ずくめの男は、淋しくてたまらないと言い残して帰って行った。一九三一（昭和六）年十二月、高森と中原中也との出会いである。翌春、高森は、中原に勧められ東大仏文科に入学。二人は、急速に親しくなる。高森の故郷、宮崎県日向市東郷町は、渓流織り成す山紫水明の地。歌人若山牧水の故郷でもある。三十歳という短い生涯のなかで、中原はこの地を三度も訪れている。帰省中の高森に会うためである。

一九三五年春、東大を卒業した高森は、翌年母校延岡中学に就職。三七年六月、処女詩集『浚渫船《しゅんせつ》』を刊行。七月中原は、「僕は高森のことを思ふと、いつも一匹の美しい仔熊を連想する」に始まる熱い献辞を書き、次いで「渓流《たにがは》で冷やされたビールは／青春のやうに悲しかつた。／峰を仰いで僕は、／泣き入るやうに飲んだ。」（「渓流」）と二人の友情を歌いあげ、十月鎌倉で死去した。

最愛の友を喪った高森は、中原からの書簡六十通を筐底《きょうてい》に秘し、満州映画協会に入社。敗戦と同時にシベリアに抑留。一九四九（昭和二十四）年、四年数カ月の刑期を経て帰国。

以後は郷里にあって、教育委員長、町長などを歴任しながら、人知れず詩を作った。

中原中也との
同人雑誌「舷灯」の
波間に揺れる
夢の数々

牧水生家の囲炉裏でたらふく飲んだ私たちは、万歳をして別れた。失われた中原書簡、未完に終った同人誌「舷灯」、二人だけの交友録など、伺った話を私は後に『誰も語らなかった中原中也』（PHP新書）という一冊に纏めた。

三度目にお会いしたのは、一九九八年六月、柩の向こう、梅檀《せんだん》の花が白く煙っていた。「どの雪のなかにも／あなたが佇んでゐる／粉雪のちらつく街角で別れてきた／あなたが……」。私は高森文夫の詩の一節を思い起こしていた。雪の日に出会い、雪の日に別れてきたのですね。行年八十八、中原中也が逝き六十一年の歳月が経過していた。

歌人《うたびと》　塚本邦雄

レオナルド・ダ・ヴィンチ邦雄嬌羞の　誰かゆくべし獅子王の歌

二〇〇五（平成十七）年六月十三日、大阪は晴天。微笑する遺影の前、弔辞奉呈に立つ私に、茫々と歳月の荒野が広がっていた。

日本脱出したし　皇帝ペンギンも皇帝ペンギン飼育係りも

に始まる歌集『日本人霊歌』を書き写したのは、一九六四年冬。サルトルやカミュ、大江健三郎や安部公房、さらにはドストエフスキーやキルケゴール、彼らと同じフィールドで短歌を作る人がいたのか。次いで『緑色研究』中「われらからだのみ娶り夜の曲馬團《シルク》には象かなしみに充ちてあゆむ」の歌に接し、存在と非在の深い悲しみを思った。そのイメージの方法化たるやベルイマン監督の映画の世界ではないか。前衛短歌との出会いであった。

定型は
「叛」もて綴る血涙の
滂沱たり
せば過激たるべし

憧れのその人に会う機会がやってきた。六八年六月、修業先の大阪枚方の寺に、流麗な書体で東大阪市鴻池までの道順を記した招待状が舞い込んだのだ。慶子夫人もてなしのビーフステーキが忘れられない。以後、何度かお邪魔した。心尽くしの舶来洋酒一本平らげ非礼をはたらいてしまったこともあった。夫人の訃報に接しお伺いしたのが最後となってしまった。

「短歌はぼくの流刑地であるかもしれない」「希有の言葉を発見するといふ残酷な労役に服してゐる」。弔辞の終りを私は、塚本邦雄の言葉と愛誦する歌で閉めた。

固きカラーに擦れし咽喉輪《のどわ》のくれなゐのさらばとは永久《とは》に男のことば

どっと涙が溢れ出た。東大阪の古色蒼然とした火葬場で骨を拾い、煙突の向こう六月の空を見上げた時だった。『水銀伝説』中の一首が口を突いた。「一月十日　藍色に晴れヴェルレーヌの埋葬費用九百フラン」。大伽藍を擬した斎場での豪華絢爛が嘘のような、質素な野辺の別れである。隣接する墓場には蕭条の風が吹き荒れている。これでこそ詩人の葬式。

煙突は蒼空に立ち
ポーランドの
女のような
白い煙は

私は、『塚本邦雄全集』（ゆまに書房）「年譜」の一行を思い起こしていた。「八月六日、広島被爆の様子を呉より遠望する。十五日、終戦」。突如として前衛短歌は現れたのではない。前衛とは、正視しえない現実（不条理）に抗して、なおかつ直立しようとする強靱なその精神の反乱であり、その所産としての文体の謂なのである。

白い花の咲く頃　野原久子

さはあれど悔やまれやまず早世の野原久子に白い花散る

東京大空襲で焼け野原になった焦土にバラックが建ち、一九四九（昭和二十四）年春、私はＢ29（戦闘爆撃機）の攻撃に戦艦のように堪えた台東区立坂本小学校に入学した。記念写真を見ると、満足な靴を履いている者はいない。空襲で焼け出された下町の児童たちだ。中に小綺麗な身形をした女の子が微笑している。野原久子である。

朝礼台の前に一人づつ立たされて、頭からＤＤＴの白い粉末をかけられたりもした。蚤《のみ》や虱《しらみ》を防止するためである。

対日講和条約がサンフランシスコで締結されたこの日、校庭で整列したままラジオを聴かされていた。いつも明るい安藤貞子先生が直立したまま、泣いているではないか。給食のミルク（脱脂粉乳）とコッペパン、肝油の味も忘れられない。お下がりの継ぎ接《は》ぎだらけの服を着た私たちは、ひもじさを吹き飛ばすように、元気よく遊んだ。

アルミ製の
弁当箱の蓋にさえ
陽は豪勢に
降り洒《そそ》ぎけり

「朝鮮戦争」「血のメーデー」と坊主頭の上に、歴史の嵐は吹き過ぎていった。空はやたらに青く、空からはいつも豪勢に陽が燦々と降り注いでいた。貧しい時代であったが、目に映る世界は光りに満ち、私たちは肩を寄せ合って生きていたのだ。
「♪上野の森の　空はるか／けだかく仰ぐ　富士の山／望みてたてる　学びやに……」。みんなで校歌を唱うのも今日が最後であるのか。卒業式には、おいおい泣いた。

茫漠の

星を宿して帰還せず
六年二組をいでし
男ら

あれは、高校三年の夏休みであった。受験のため私は、予備校の夏期講習に通っていた。どうしたことだろう、私の前に懐かしそうに少女が微笑しているではないか。美しく成長した野原久子であった。

中学高校と男子校で過ごしてきた私は、すっかり面食っていた。高校最後の一夏に、私は憧れの野原さんと再会したのだ。

「♪白い花が咲いてた／ふるさとの遠い夢の日／さよならと云つたら／黙つてうつむいてたお下髪」。小学生の頃流行った「白い花の咲く頃」を唱いながら肩を並べて歩いたこともあった。受験に失敗した君が嫁いでゆく前、一度だけ逢ったことがある。白い花だと思った。

花刺客　上村一夫

漆黒の闇に舞うもの雪ならず修羅雪姫と誰かは謂《い》いき

世に言う「劇画の世代」より、一世代前に貧しい青少年期を送った私に、劇画はそれほど親しいものではなかった。「あしたのジョー」の噂を耳にしコミック雑誌「少年マガジン」を買ったのがいけなかった。辰巳ヨシヒロ、真崎守、ジョージ秋山、山上たつひこ等、異能の劇画作品に惹きつけられてゆく二十代後半の私がいた。中に、上村一夫「同棲時代」が眩しかった。

瓜実のひとが
来たりてわれを刺す
あわれ午睡の夢と
しれども

ビジュアル雑誌で「歌・福島泰樹VS画・上村一夫」の企画がもちあがると同時だった。言游社から歌画集『花刺客』が刊行されることとなったのだ。岸田聖なる美貌の編集者と、アトリエがある渋谷のマンションを訪ねた日のことなどが思い出される。

興奮した筆致で私は跋文を綴っている。「上村一夫なら椿、いや桜も捨て難い。結局、私には愛着のある牡丹一首を加え、氏との共同作業の結果、十首が選ばれたのである」。「都に花の訪れ近きある夜、渾身の筆先より現れいでた艶葉《つば》の木の化身に接し、五官が震えた。現代希有の風狂の絵師は、私の花々を、激しく、一途な女性《にょしょう》の情念に高め」たのである。

見開き右頁に画、左頁に短歌。十葉の和紙を函に入れた歌画集『花刺客』が上梓されたのは、一九七九（昭和五十四）年五月。新宿三丁目のクラブでの打揚げが忘れられない。なんという贅沢であろうか、（阿久悠が絶讃した「ギターの名手」）上村一夫の演奏を聴きながらグラスを揚げていたのである。

上村一夫と
飲みし新宿花園の黒い
インクの
雪ならなくに

東京上北沢の画廊で開催された上村一夫展に出かけたのは一昨年の冬、歌画集刊行から三十一年の歳月が経過している。オリジナルに見入っていた。振り向くと画から抜け出たような女性が微笑している。上村汀《みぎわ》、絵師の忘れ形見だ。心のうちで思わず「修羅雪姫」と叫んでいた。

急逝した絵師の通夜に駆けつけたのは、一九八六年一月の寒い夜であった。いまだ四十五歳。そして今日、七夕の夜空を見上げながら、立ち去ってゆく女の髪に降る、画中の雪を思ったりした。

捧ぐるに
雪などあらぬぬばたまの
手にしっとりと
纏いつく髪

御機嫌よう　益戸つね

血と汗と革の匂いに満ちて咲くいのち可憐な白百合の花

慶應のボクシング部で鳴らした福富昭典《あきすけ》、富田良彦と、酔った勢いでジムの扉を叩いた。老婦人の美しい微笑が返ってきた。東京下谷日東拳プロモーター益戸つね、前会長夫人だ。

ナックアウト・アーチスト
中村金雄帰国す！
青葉煙れる東京市街に

戦慄走る

「不良少年の神様」と呼ばれ、日本中のアウトローの畏怖の存在だった益戸克巳が、日東拳闘倶楽部を創設したのは、ボクシングの草創期にあたる一九二八（昭和三）年。拳闘は最もモダンなスポーツで、ピストン堀口、中村金雄、玄海男《げんうみお》などの人気ボクサーは、颯爽として銀座を闊歩していた。

つね夫人は、東京麻布の商家の一人娘で、麻布小町と呼ばれ、子女の高嶺の花であった府立第一高女に入学、なに不自由ない娘時代を過ごしていた。が、益戸克巳に魅せられ、ジムでの生活を始めたのは十七歳の時だった。

川端康成、菊池寛、エノケン、ディック・ミネ、灰田勝彦。会長の男気に惚れた人々の名をあげたら切りがない。

ところで、少年時代の私の夢はボクサーであった。しかし、股関節脱臼のため、入門は諦めていた。その私が、三十六歳で日東ジムに入門。若い四回戦ボーイたちにまじって、火が点いたように練習を開始したのだ。つね夫人の叱咤を浴びながら私たちはスパーリングに励み、後楽園ホールでのデビュー戦へと夢を膨らませていった。

しかし、規約（年齢）の改正に遭いプロテストを断念。代わりに夫人は、セコンドのライセンスを取得させてくれ、後楽園のリングにあがる夢を叶えてくれたのだ。

師を問わば
硝子に映る褐色の
フラッシュ・エロルデ
春の稲妻

二〇〇二（平成十四）年七月一日、病室で夫人は「荼毘に付して意志なき物体と化せば……」に始まる遺書を綴っていた。

夫の遺志を継ぎ、二十八年休むことなくジムを護ってきたのである。質素を旨とし、いつも地味なワンピースの背筋をきりりとし、人に迷惑をかけないをモットーとしておられた。

選手には厳しい声を浴びせ、初心者には手をとって基本を教え、ジムの管理を一人でし、巣立って行った元ボクサーたちが訪ねて来るのを唯一の楽しみとしていた。

拳闘倶楽部に可憐な白百合が顫《ふる》えた一九三六年夏から数えて六十六年。最後の瞬間まで誇り高く、毅然としておられた。

遺書の終りに「擱筆」、行を変えて最後に「御機嫌よう」とあった。

たこ地蔵　たこ八郎

星瞬き坂本九が歌う夜たこ八郎はリングにありき

たこ八郎、本名斉藤清作（元日本フライ級王者）は、仙台の人。ボクサー時代は、「河童の清作」と呼ばれ、ラッシュ戦法で、同門のファイティング原田と人気を二分した。

引退と同時に、由利徹の内弟子となりコメディアンを志すが、後遺症（パンチドランカー）のため出奔。そんな彼を救ったのは、貧しい浅草の人々であった。人情に涙した彼の心の中で革命が起きる。チャンピオンを志向し、仲間を連れては湯水のように金を使った男の目線が、下に向かって注がれるようになるのだ。

戦後、日本人がひたすら物質にこだわり、より豊かな上昇志向の道を歩んだのに対し、たこ八郎はけっして上の生活を求めようとはしなかった。

後遺症が快癒し、芸人として人気が出てからも、その生活は変わることはなかった。新宿裏の木造アパートにひとり住まい、飯が残ると冷蔵庫にいれ、おじやにしてそれを食べた。納豆と梅干し、ホワイトニッカにシンセイがあればそれでよかった。半袖の下着によれよれの帽子とズボンがトレードマーク。しかし、靴だけはいつもピカピカしていた。わけを聞くと、こんな返事がかえってきた。「ウン芸人ハ、足元ミラレルトイケナイカラ……」。

欲がないから捨て方も美事だった。せっかく掴んだ日本フライ級の王座もあっさり捨て、芸人稼業に身を転じ、ようやく人気が出、日本中の茶の間を爆笑の渦に巻き込んだ、と思ったらあっさり海へ帰って行ってしまった。

「一日ニ玄米四合ト／味噌ト少シノ野菜ヲタベ」「小サナ萱ブキノ小屋ニヰテ」「ミンナニデクノボウトヨバレ」。たこ八郎を思うと宮沢賢治が宿願とした「雨ニモマケズ」を思い出す。そう、「イツモシヅカニワラッテヰ」た。

慾《ヨク》ハナク決シテ瞋《イカ》ラズ
ひょうひょうと

いつもの暗い路地
帰りゆく

一九八五（昭和六十）年七月、祭り太鼓の聞こえる夜、私の寺にぶらりっとやって来た。今生最後の酒盛りとなった。

秋になって、「たこ地蔵」の序幕法要が私の住持寺東京下谷の法昌寺でおこなわれた。お腹に「メイワクカケテアリガトウ」の直筆。それを見て、師匠の由利徹さんが、しみじみ言った。

「古今東西ごまんといる芸人の中で、死んで、地蔵になったのは、たこだけだよ」

七月二十四日、海水浴に出かけ死去。四十二歳だった。

飲んだくれ
しどろもどろの人生だい
ましろき骨となりて
帰宅す

六月挽歌　黒田和美

こんな淋しいところに住んでおったのか「月光」を弾く若き指みゆ

夜中に電話が鳴り、高速を突っ走った。ベッドに君が居た。外に出ると上空には皓々と月が照りわたっていた。少し泣いた。黒田和美と出会ったのは、六〇年安保闘争の翌々年、早稲田短歌会の部室であった。戦後十七年目の空は、青く湿っていた。

焦がれいるものは視野より去り易し仰向きてなお昏き冬空

学生歌人の君は、悲しみをもって六〇年代短歌にたしかな一歩を標した。卒業後、影絵劇団「角笛」に入団。NHKテレビ「ひょっこりひょうたん島」など活躍の場を拡げてゆく。ほどなく日活ロマンポルノ助監督白川健夫と結婚。一女を得るが、離婚。私の呼びかけに応え短歌結社「月光の会」旗揚げに参画、影になり私を支え続ける。処女歌集『六月挽歌』（洋々社）が刊行されたのは、九〇年代の幕が下りてからであった。

失ひし標的いまだ世の淵に据ゑ置かれたるレンズのまなこ

撮るべき標的を失ってなおレンズのみが人間の眼のように、そのものの残像を凝視し続けている。黒田和美は、性（根源的暴力）の復権をかかげ若松孝二が蜂起し、足立正生、大和屋竺らが結集し、若者たちが世界の変革を夢見たあの時代に、一気にフラッシュ・バックしてみせたのである。

晒す身はもはやなければ白妙のたましひ纏え一条さゆり

そして男たちの吹き溜まりで、慈しみに満ちた一生を閉じた女に比類ない挽歌を捧げた。一条さゆりもまた、その精神において樺美智子、美空ひばりと生年を同じくする六月の死者である。

二・一九新井将敬縊れたる夜を渡りJapanese Deep River

黒田和美は、日本に忠誠を誓いながら日本に裏切られ、ついには永遠に口を封じられてしまったタフで誇り高かった男の命運に、日本の底流を深く抉りながら黒く流れてゆく河を見たのか。

「陽は昇る狂ひ損ねし日時計の悲しみ照らすために明日も」。君は、戦い敗れた者、時代の主役ではない、サブカルチャーの創り手たちに、熱い挽歌の雨を降らせたのである。だが、中に可憐な歌がある。

わが裸身白くちひさく畳まれて君のてのひら深く眠らむ

君を慕う月光の会の仲間たちは、「♪だけどぼくらはくじけない　泣くのはいやだ笑っちゃおう」の、「ひょっこりひょうたん島」を歌って君の棺を送り出した。あれから、四度目の七月二十七日、君の命日……。

幻野遊行　阿久根靖夫

望郷のこころはあまくくるしきを流れよう　どこまでも雲と水われも

政治的嵐が吹き荒れた時代に勁《つよ》くしなやかな、志の言葉をもって立ち現れた男がいた。「夢のように輾転する僕は／幻よりも強くながらえる／一本の立ち枯れた骨となって／ひとつの旋律を風に流し続ける」

一九七一（昭和四十六）年に構造社から刊行された詩集『幻野遊行』の一節だ。幻想にかられ、人々が夢をみていた時代はたしかにあった。その夢の姿をあかそうとして、言葉たちは夢の不確かな輪郭をなぞろうとする。それが詩であったのだ。

京浜安保共闘銃砲店襲撃、大久保清逮捕、土田邸小包爆弾事件などが新聞紙上を賑わせ、巷では鶴田浩二が唄う「傷だらけの人生」が流行っていた。敗戦からいまだ二十六年、戦地から帰還した兵士たちの多くは四十代であった。思想が問われないわけはない。

草を焚き
花をいぶして
流れゆく煙ひとすじ
わが砦とや

その頃私は、愛鷹山麓の村で墓守人の日々を過ごしていた。刈っても刈っても草は容赦なく生え、裏山から吹き下ろしてくる風は、女の悲鳴のように切なかった。私もまた「傷ましいまでに耀《かが》く首都の小路の流れ者」であったのだ。

村上一郎が自裁した一九七五年を境に、君は、静かに失語してゆく。そして、詩を書かない詩人として、志を喪失した(下位文化《サブカルチャー》に堕した)時代の二十年を生きてゆくのである、と私は思っていた。しかし、小川康彦が纏めた君の『遺稿歌集』五百首を手にし、私の知らないところで君は、ひそかに詩の夢を直立させていたことを知る。

〈あじあ〉てふ愛しき言葉発さむとして吾が咽喉くらき洞なす
くさむらに生《あ》れし霧ゆゑ狭霧ゆゑゆめつかのまをたちがたきかな
たたかひは常なき朝の朱の雲のみなぎらふまで鳥みだれ墜つ

言葉による、たった一人の蹶起ではある。君は生涯を娶らず、アパートの一室、本に埋まりながら生活していた。校正業を生業《なりわい》としつつ、悠然として一人永久革命者として詩の荒野を跋渉していたのだ。

阿久根靖夫、一九九五年八月十五日、中国四川連合大学寄宿舎で客死、村上一郎の享年よりは一歳若い五十三歳だった。暗い微笑が忘れられない。

溢れくる涙
堪えておりしかな
万里の長城まで
われゆかず

たかこおばさん　平田多嘉子

焼跡に草は茂りて鉄カブト、雨水に煙る青き世の涯《はて》

　上野のアメ横を抜けたガード沿いの繁華な一郭に、親戚の寺があった。住職の復員を期し、妻が寺を護っていた。義範、義雄ちゃんは、私の幼な友達である。おばさんは、夕顔の花のように美しい人であった。夫戦死の報を受け、ためらわず得度。住職に就任するや、大本光寺復興に着手、しかし神武景気の煽りを喰い事業に失敗、都内屈指の繁華街に建つ大精舎の夢は潰えたのである。

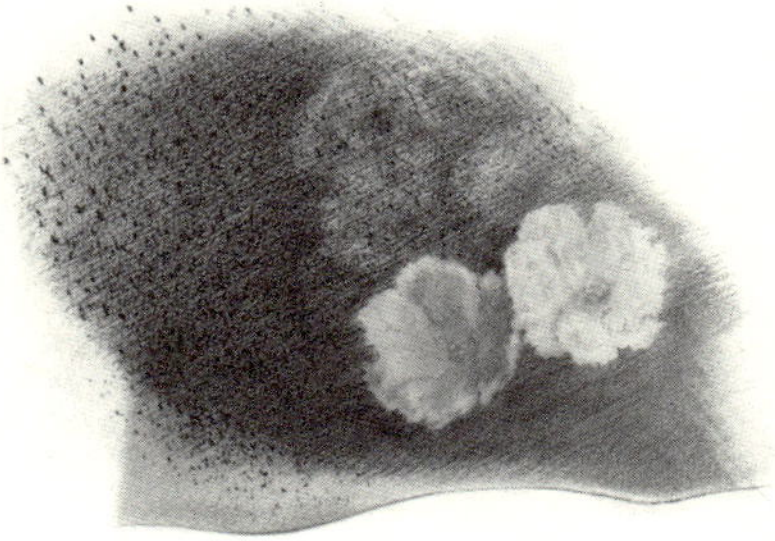

　一九六七（昭和四十二）年春、大阪の修業先で義範ちゃんと再会。復興は息子に託され

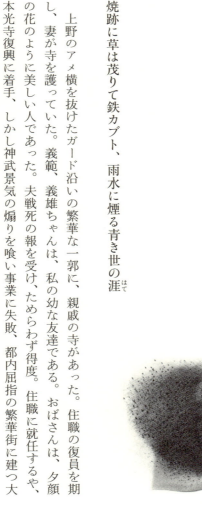

たのである。その後、小母さんと何度かお会いした。大きな瞳には、いつも輝くばかりの希望を宿していた。

六十を過ぎて早稲田大学の文学部に通いだす。府立第一高女の才媛は、戦争へ雪崩れてゆく若き日に断念せざるを得なかった夢を、実現させたのである。

小母さんには和紙を綴じ毛筆で清書した四巻の私家版句集がある。

ロール紙を積みしトラック多喜二の忌

これが、関東大震災を五歳で体験し、戦中、戦後を生きた平田多嘉子の曇りない現実認識の眼だ。どんなに書き殴ったって、書き足りない、トラック満載のロール紙分の怒りと悲しみ。それをさりげなく小林多喜二に歌わせているのだ。

マラソンの列にゆづりし春の坂

時代の命運の中で、錐揉みする想いで譲った自身の夢。「春の坂」と言ったところに強い希望を燃やし続けた人の、ロマンチシズムが脈打っている。

ギリシャ劇見し目に青き冬の星

大正、昭和、平成と続く長大な時間を必死に生き、悲劇を演じきった人の美しい放心がそこにある。

九十九里の浜辺、息子の寺で生活を始めたのは七十になってから。

原爆忌顔を包みて草毟《むし》る

戦争は、夫を奪い、三人の子供たちから父を奪った。原爆で殺された人々の苦しみは、フィリッピンの密林で、飢えに晒されながら死んでいった夫の苦しみにほかならない。繃帯のように手拭で顔を覆い草を毟るという、日常の作務の中に原爆投下の一瞬を幻視するのである。多嘉子おばさんが逝き十四回目の終戦記念日も近い。遺句集『花千本』（邑書林）には、東京ッ子の含羞と抑制のきいた理知と、みずみずしい情感が漲《みなぎ》っている。

開戦日軍手でドアのノブ磨く

蝉王健次の歌　中上健次

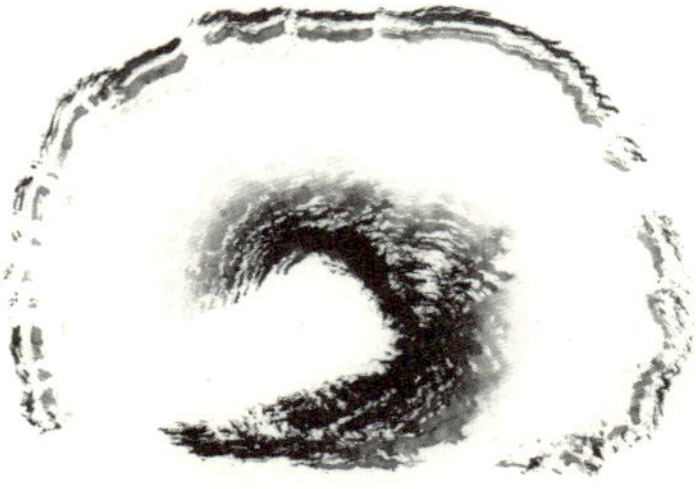

新宿の三光町の暗がりに哭いているのは中上健次

　中上、此処東京下谷の痩せた寺の庭にも蝉が、命を絞り出すように鳴きじゃくっている。君の出世作『枯木灘』の主調音は八月の熊野に降る蝉時雨であった。

「秋幸は日に染まり、山の風景に染まり」「がらんどうになった体の中に蝉の声が響いていた」「日にさらされる木や草に、今なりたい」。一日の労働の終りを秋幸はそう実感する。

　木や草や

風に成るのかフォークリフトから
手を振る
若き中上が見ゆ

私が君を知ったのは、『鳩どもの家』を通してであった。見返しには雄渾の筆致で「福島泰樹様／中上健次」とある。発行は一九七五（昭和五十）年二月。その頃私は、東京を離れ山麓の寺で墓守人の日々を過ごしていた。翌年八月、私の歌集『風に献ず』の出版記念会で、「定型から零れてゆくところが、小説から見て、非常に気になる。同時に、なんだ短歌なんかやりやがって、と言いたくなるような魅力があってね、怖れを抱くような入り交じった感じで福島泰樹を見ている」と評してくれた。

君死なば
竹原秋幸も死ぬなるか
わが枯木灘、
闇の岬よ

やがて君は故郷・紀州新宮の土と血縁をテーマにした『岬』を書き上げ、芥川賞を受賞する。当然の賞だと思った。君は俄然威張りだす。中上よ、大いに威張れ！　と思った。感動した私は、「現代の眼」誌上に過激な中上論を一気に書き上げた。

中上、君が演歌を歌い、俺が短歌を絶叫したことがあったな。新宿ゴールデン街「まえだ」の女傑「前田孝子を励ます会」が、君の肝煎りで京王プラザでおこなわれた時のことだ。ほどなく私の寺でママの葬式がおこなわれ、膝を折って棺を覗き込む君が居た。

旅先で君の死を知った私は、一気に五十首を書き上げ、ドラム奏者の石塚俊明に作曲を依頼した。君への新曲「蝉王健次の歌」が始まった途端だった。悲しみに感応したのか、浜松城址公園の森の蝉が一斉に鳴きだしたのだ。

この俺の
五臓六腑を歌わんよ
常民の文学ならば
過激たるべし

君の遺骨に読経した翌年、墓参のため再び故郷の家を訪ねた。佐藤春夫ゆかりの老舗「鹿六」で、君の父上としみじみと酒を飲んだよ。中上健次が逝き、二十年目の八月、話したいことは山ほどある。

蝉声　河野裕子

みな去ってゆくのか君も頭蓋《とうがい》に啼きじゃくりけり暁《あけ》の蜩《ひぐらし》

河野裕子の遺歌集となった『蝉声』を紐解く。四十余年もの歳月が時雨となって私を濡らす。初めて会ったのは、彼女が「角川短歌賞」を受賞した一九六九年。京都女子大在学の可憐な才媛は、若者ばかりの座談会にとまどっていた。学園闘争、反安保闘争が苛烈をきわめた年で、危機を募らす私などの発言とはあまりに対象的であった。

一九七二年に刊行された『森のやうに獣のやうに』は、

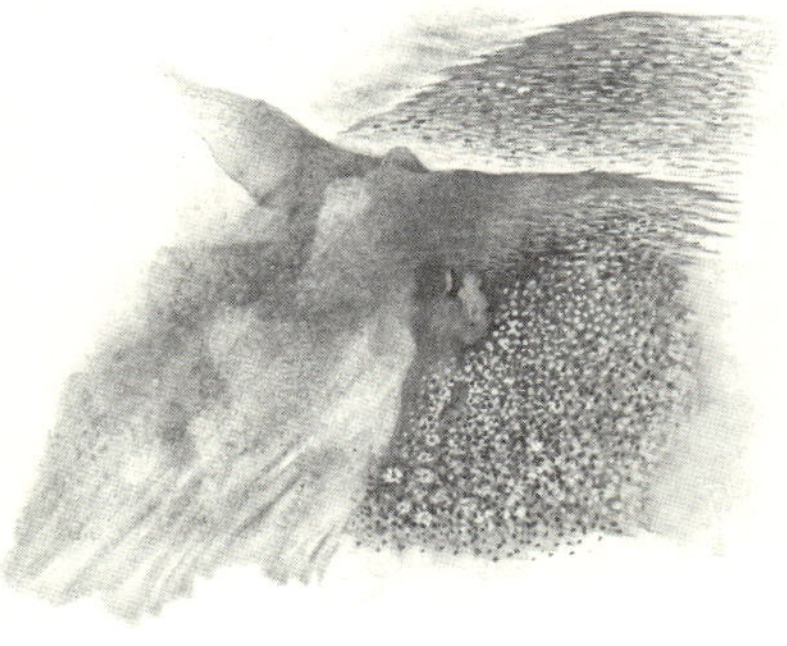

ブラウスの中まで明かるき初夏の日にけぶれるごときわが乳房あり

が語るように新鮮な青春歌集。だが中に、「産み終へし母が内耳の奥ふかく鳴き澄みをりしひとつかなかな」のような、生の根源の悲しみを抽出した作品がある。この年、生涯の伴侶となる永田和宏と結婚。

翌年、長男淳誕生。「しんしんとひとすぢ続く蝉のこゑ産みたる後の薄明に聴ゆ」。裕子を産み終えた母が内耳の奥ふかくに聴いたであろう蝉声は、長子出産の厳粛の場へと連なってゆく。存在の深奥から聴こえる蝉声は、以後作品世界の背後にあってしずかにとよみつづけてゆく。

たつぷりと真水を抱きてしづもれる昏き器を近江と言へり

生死の闇を抱えこんだ名歌である。存在の深奥と交感しえる稀な歌人であるからこそ、近江を肉体の暗喩とした気宇壮大な作品世界を創造しえたのであろう。「死ぬときは落ちて死ぬより他はなく道のあちこち蝉もがきゐる」。蝉声が存在世界を暗示するなら、蝉そのものは死の、また生のむごさ、人生の烈しさとして歌われてきた。

かなしみは
枝から落ちる夏蝉か
病葉なのか
分からなくなる

訃報に接したのは一昨年八月。夫君の後書によれば、亡くなるその日まで歌を作り続けた。子息淳（歌人）、息女紅（歌人）と三人、遺された手帖の解読に日々を過ごす。

八月に私は死ぬのか朝夕のわかちもわかぬ蝉の声降る

『蝉声』は子息が経営する青磁社から刊行された。彼女の手料理で夫君と酒を酌み交わし、少年だった淳君にボクシングの手解《てほど》きをしたことなどが思い出される。日を置いて弔問した。京都岩倉の家の庭には、コスモスが咲き乱れていた。

晩節　加藤郁乎

大正十二年九月一日そら蒼く低空よりぞ降る蝉の声

加藤郁乎の詩と出会ったのは、東京オリンピックの翌一九六五（昭和四十）年。

「卍《まんじ》ひとつも血文字でまわす／賽もころばぬ踏絵の穴に／ままよ茶の湯の見返り阿弥陀」。詩集『終末領』の「唄入り神化論」に仰天！

米戦闘機は連日、日本の基地からベトナムへ飛び立っていた。デモへ行ってもどうにもならない苛立ちが、私の胸に破れかぶれの心情を熱くさせていたのかもしれない。

次いで、詩集『形而情学』、句集『牧歌メロン』のナンセンス美学に心を躍らせた。こ

の宇宙大の諧謔、古今東西の常識、権威、反り返る体制を言葉をもって撃破せよというのか。処女句集『球體感覺』も美事！

昼顔の見えるひるすぎぽるとがる
薄明へわがナルシスの花うてな

新宿二丁目のバー「ナジャ」を出た時だった。痩身着流しの目つきの鋭い男に呼び止められた。「お前が福島か」。名うての喧嘩屋との出会いである。関東大震災の復興に沸く東京に生まれた男の目に、新進歌人の若造は、生意気に見えたのかもしれない。以後、何度かぶつかった。

さなり十年、
そして十年ゆやゆよん
咽喉《のんど》のほかに
鳴るものも無き

幾時代かは瞬く間に過ぎていった。角川春樹が主宰する「日本一行詩大賞」の選考委員会で毎年顔を合わせ、その都度飲んだ。眼光は老いることなく炯々《けいけい》としていた。「俺の眼を逸らすことなく正視したのは福島、お前が初めてだ」。根岸の居酒屋「鍵屋」の夕べであった。

「根岸より参りさうらふ手を焙る」「天の川雨の川なるべしみえず」「目で殺し情《すげ》なく返す赤のまゝ」

句集『實』（文學の森）は、江戸俳諧を標榜する加藤郁乎の立ち姿である。青壮年期の「虚」から、情感鮮やかな「実」への帰郷であった。

墓洗ふきのふの雨はあの世より
とありけりかくてありけり彼岸花
人は人みのがしてやれ初しぐれ

一昨秋刊行の『晩節』（角川学芸出版）が最後の句集となった。かの日、稲垣足穂が郁乎を讃して、「落しざし／写楽くづれのよい男」と歌った。江戸前のイイ男だった。

俳一筋ふりかへるなきしぐれ道

「ところで郡司さん……」 郡司信夫

溝《どぶ》川に浮いているのは華麗なるファイター橋本淑ではないか

村田諒太が、金メダルを獲得した。東京五輪の桜井孝雄以来四十八年ぶりの快挙を、報告したい人がいる。

郡司信夫、昭和初年からのジャーナリスト。日本のボクシング育成発展に尽くした。栃木県の大田原に生まれた少年の夢は石川啄木であった。金田一京助を慕い大正大学に入学。しかし、草創期の拳闘に魅せられ日本最初の専門誌「ボクシング・ガゼット」を創刊。ボクシングは、高い精神性に支えられた最もモダンなスポーツであった。

リングでは、アメリカ帰りのボクサーたちが熱戦を展開していた。ジェントルマンゲンこと玄海男、ナックアウトアーチスト中村金雄、槍の笹崎こと笹崎僙《たけし》、そして悲劇の拳聖ピストン堀口。

ガゼットは売れに売れた。しかしやがて応召、茨城の海岸で敗戦を迎える。

焼跡から
拾って来たる革一枚、
拳闘靴《シューズ》を縫わん
明日の荒野よ

郡司信夫はいち早く、銀座にパブリックジムを開設。特攻基地から帰還した白井義男は、此処でカーン博士と出会い、世界王者のベルトを獲得。戦争で敗れた日本人に自信を与える。ボクシングは、再び黄金時代を迎えていた。

郡司さんは柔らかなこころを持った歌人でもあった。

「ボクの骨も／いつかは　こゝにうめられる／あたゝかそうな／穴を　みていた」（歌集『紅梅』）。愛嬢に次いで妻を喪った悲しみを抱えながら、実況放送解説者としてテレビに登場する。以後一九八二（昭和五十七）年までの三十年間を、ＴＢＳの専属解説者として、その魅力と興奮を茶の間に伝えた。

「ところで、郡司さんの採点は？」のアナウンサーの質問に応え、ラウンドごとに採点を公表。折目正しい紳士的風貌も忘れられない。

九十歳になってからも、後楽園ホールに通い続けた。ガゼット編集長で鳴らした筆力も衰えなかった。私が、お手伝いした評論集『郡司信夫の「採点」録』（一九九八年・彩流社）が、最後の著作となった。明治の男らしい、礼節の人であった。

不朽の名作『ボクシング百年』（一九七六年・時事通信社）を紐解くと、今日もまた私の父や祖父の時代の男たちが、大鉄傘を揺るがす声援の中、死力を尽くし戦っている。

玄海男
帰国す！　屈指の名勝負
無敗ピストン
脱線をする

コスモス忌　干刈あがた

君去りしけざむい朝《あした》　挽く豆のキリマンジャロに死すべくもなく

初めて会ったのは一九八二（昭和五十七）年、「海燕」新人文学賞受賞パーティーの席上であった。

「ジョン・F・ケネディが死んだ。／円谷選手が死んだ。／三島由紀夫が死んだ。／エルビス・プレスリーが死んだ。」「ジョン・レノンが死んだ。」に始まる受賞作「樹下の家族」は、一九七〇年以降の、行場を失った時代のすぐれた時代論でもあった。中に私の短歌、「君去りしけざむい朝《あした》　挽く豆のキリマンジャロに死すべくもなく」が引かれ、こう展開

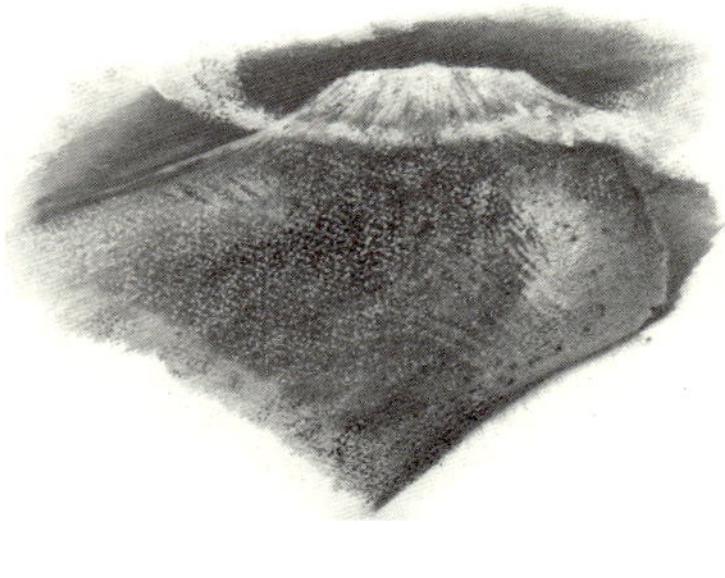

されてゆく。

「福島泰樹という歌人が、わが身を失われた世代のキリマンジャロの雪に映したように」「一つの時代との別れの朝にはまだ一条の爽やかさがあるが、それに続く日々との、ギリマンとギマンの朝のキリマンジャロの荒寥」

ヘルシンキ
雨の走者や鳴呼、そして
恙《つつが》無かりきわが
四《し》十年《じゅうねん》

千刈あがたは、私と同じ一九四三（昭和十八）年に東京に生まれ、同じ時代を同じキャンパスで過ごした。「早稲田文学」で対談したのを機に、以後しばしば会った。作家手製の豚の角煮を肴に飲んだ黒糖焼酎の味が忘れられない。本名で書かれた『ふりむんコレクション／島唄』を通して、奄美諸島を原郷とする柳和枝その人に出会ったような気がした。島を離れた人々はタビをしているのであり、タビの途上で生まれた子は島の子なのである。父母の故郷沖永良部島を初めて訪ねたあなたは、熱い歓迎に声をあげて泣いた。「私が泣いているのではなく私の血が泣いているのだ」。島唄との出会いであり、詩人柳和枝の出立であった。
新人賞を受賞した年に、離婚。二人の男児を養育しながら書き続ける。一九八三年、「ウホッホ探検隊」が芥川賞候補に、翌年「ゆっくり東京女子マラソン」が再び同候補に、以後八六年と三度候補となる。
万物は
冬に雪崩れてゆくがよい
追憶にのみ
いまはいるのだ

子供たちとの生活、家族と社会との繋がりをテーマにした作品は、日々のいのちの営み
を大切にした新鮮な文体を生み、広い読者層を獲得。作品はテレビとなり、映画となった。
教育、社会問題にも深く関わった。
昭和が平成となった年の翌年、胃癌発覚。一九九二年九月六日死去、四十九歳。鋭い時
代感覚をもって書き続けた十年間であった。没後、河出書房新社から全集『干刈あがたの
世界』刊行が始まる。今年も、友人たちによって、作家が少女期を過ごした青梅市で「コ
スモス忌」が開催される。

ロマンと志　永畑道子

明治大正昭和を生きし女らの命運の星堕ちてゆきにき

寺山修司追悼コンサート「望郷」を企画したのは、歌人で書家の安永蕗子だった。打合せの席でピアニスト永畑雅人を紹介された。独身を貫いた蕗子の甥で、掌中の珠。コンサートの前夜、『安永蕗子作品集』刊行祝賀パーティーが、熊本キャッスルホテルで開催された。細川護熙熊本県知事に次いで挨拶に立ったのは、蕗子の妹で雅人の母、永畑道子であった。

道子は、奔放な芸術家気質の父・安永信一郎（歌人）を語り、美貌の姉と在った少女時

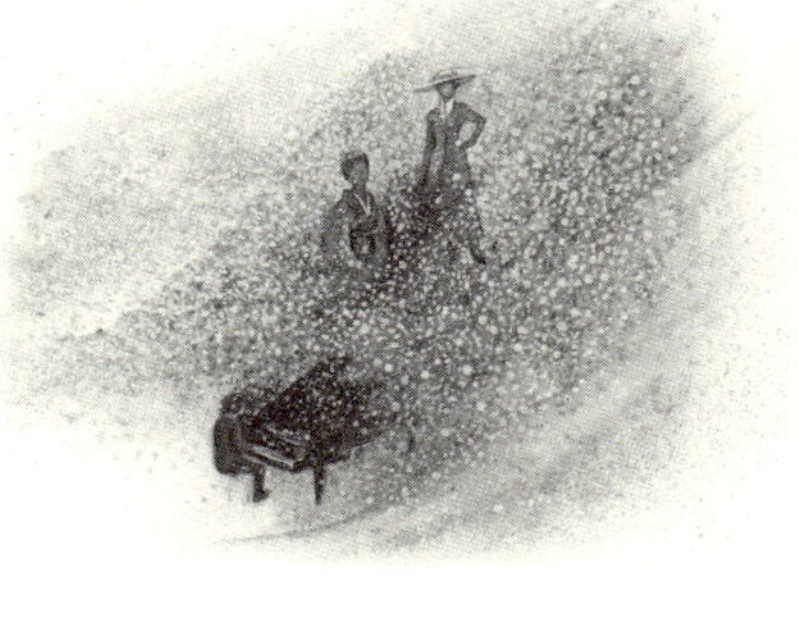

代を誇らかに語った。なんと健気で美しい情操をもった人なのだろう。

蕗子雪、
花、鳥、風や月光の
地に讃めやまぬ
声ぞけぶれる

この夜、私は雅人の演奏で心ゆくまで蕗子を讃え唱った。一九八五（昭和六十）年四月四日、熊本城の桜は満開の季《とき》を迎えていた。それは父に序《はじ》まる「歌の家」の最後の盛儀であった。

永畑道子、教育問題に心を砕く評論家で、同時に『恋の華・白蓮事件』『夢のかけ橋―晶子と武郎有情』など（男女の恋愛を軸として、時代の抑圧と戦う）女性の精神史を、小説的手法で追い上げた作家でもあった。

吉永小百合演じる与謝野晶子の視線の向こうを、社会運動芸術運動にいのちを散らす大正の男や女たち！　ほどなく、永畑道子原作とする「華の乱」（深作欣二監督・東映）が上映され、作家は一躍脚光を浴びることとなる。綿密な取材と弛《たゆ》まぬ研鑽からなる『乱の女―昭和の女はどう生きたか』（文藝春秋）『双蝶―透谷の自殺』（藤原書店）など相次いで刊行。

一九九五（平成七）年、熊本文学館館長に就任。故郷での姉と二人の生活が始まる。だが、翌年十一月、最愛のひと永畑恭典と永別。魂に及ぶ悲しみは、抑制の文体を生む。『凛―近代日本の女魁・高場乱』（藤原書店）がそれだ。九九年、『三井家の女たち―殊法と鈍翁』（藤原書店）が、最後の著作か。

月光は
鹿鳴館にふりしかど
ロマン派詩人
いまだ来たらず

悲しみは魂に及んでいたのである。道子は晶子のようには勁くなかった。喪神の母を支えたのは雅人であった。息子は母を慈しんだ。演奏活動の合間合間を、ひたすらに看病にあたった十数年であった。

急を聞いて、世田谷のお宅に急いだ。道子さんは、胎児のように眠っておられた。藤原書店と有志の呼びかけで今夕、山の上ホテルで「お別れの会」が開催される。

往復ビンタ　福田義男

そのむかし春樹と眞知子が出会いたる数寄屋橋いずこ春の雪ふる

「坂本小学校で御世話になりました六年二組の福島であります。幼童も六十六歳になりました。時折、先生の夢をみます。御恩は忘れておりません……」

『祖国よ！――特攻に散った穴沢少尉の恋』（幻戯書房）という本が刊行され、手紙を添えてお送りした。しかし、宛先不明で送り返されてきた。三年前の今頃である。

幼年の目には

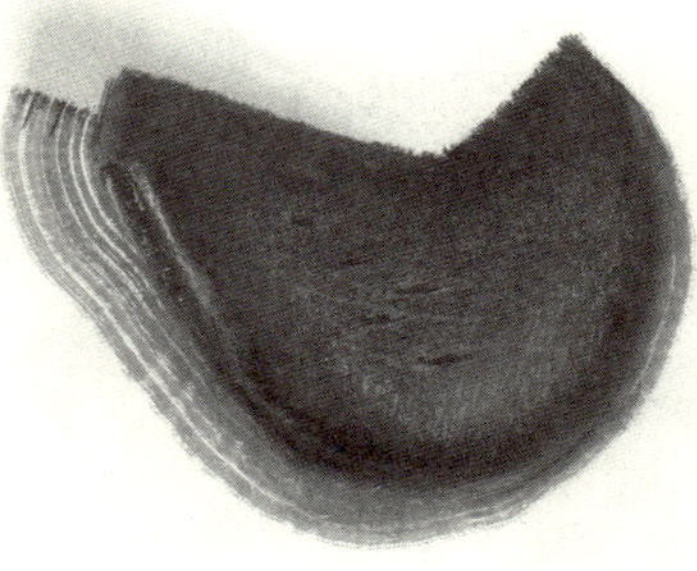

たのしき戦後史の
飛魚広之進を
想えば

四年二組の担任は、福田義男先生。痩身、苦み走ったニヒルな風貌には、蹶然とした雰囲気が漂っていた。作文の宿題で、時代劇のシナリオを書き、教室で朗読を命じられ、先生に褒められた。人前に立った最初の記憶である。

日米講和条約の発効、血のメーデー、ヘルシンキ五輪、ラジオドラマ「君の名は」と一九五二（昭和二十七）年は過ぎていった。

五年生になったある日の放課後、級友たちと二階の図書館に立て籠もり、書棚や机でバリケードを築いた。発端は二手に分かれての戦争ごっこだった。先生たちが駆けつけ、窓の外の柳の木を伝わって脱走した。

翌朝、教壇の前に整列させられていた。先生の眼鏡が濡れている。いきなりビンタが飛んだ。「起て！」。立ち上がると、再び目から火花が飛んだ。軍隊の往復ビンタがこれか。雑巾を濡らし、みんなで頬を冷やした。

いま思うに、父兄や教育委員会、マスコミの干渉もない直截な時代であった。貧しさを当然とし、子供たちは大らかに遊び回っていた。頭に瘤はたえなかったが、差別や陰湿なイジメなどはなかった。

濃き霧に
翼濡らしているのだろう
同期の桜、
さらばわが友

卒業後、何度かお会いした。しかし先生から来歴を明かされることはなかった。戦没学徒や特攻隊の手記を私が、真剣に読むようになったのは、十数年前からである。その頃から先生の夢をみるようになった。

そうか、人を注視する目の熱さ、寂寥を称えた微笑の奥にあるものは戦争であったのか。たくさんの離別を体験されたのであろう。

今日、先生の指導でガリを切った卒業論集「町の子路地の子」を開きました。あれから五十七年、先生と二人っきりで酒を飲みたかった。

逆風　風間 清

グローブの傷は光りて艶やかな夜となりしぞ風間清よ

十月三日朝雨、十月四日朝雨。
篠突く雨の朝、相次いで二人の友人が早世した。一人はボクサー、一人は文芸評論家（小笠原賢二）。共に「逆風」という言葉を愛し、逆風に向かって生きた。

敬遠をされて
無敵の淋しさや

孤独の風よ
吹き荒れていよ

バトルホーク風間（風間清）は、小学生の頃から兄良一にボクシングを学び、兄と日東拳に通う。上野高校（インターハイ・ライト級優勝）から専修大学へ進み、ボクシング部を強豪校へ導く。一九七四（昭和四十九）年、ハワイでプロデビュー。海外を選んだのは、日本ランカーに敬遠されたためである。

五連勝して翌七五年帰国。J・ウェルター級王者ライオン古山に挑戦、引き分け。同年九月、ベネズエラに渡りWBA世界J・ウェルター級王者アントニオ・セルバンテスと対戦。七九年七月、日本ライト級王座を獲得。八〇年四月、プエルトリコの強豪サムエル・セラノが持つWBA世界J・ライト級王座に挑戦。善戦及ばず十三回、KO敗を喫する。

中年になって日東拳に入門した私の師は風間であった。練習を終え、三十一歳の現役チャンピオンと飲む生ビールの味は格別だった。豪放磊落な王者は一升瓶から丼に酒を注ぎ、酔い潰れるまで酒に挑んだ。

四度王座を防衛の後、八一年十二月の試合を最後に引退。レフリー、テレビ解説も物足りなかったのだろう。日本ボクシング協会未公認団体IBF所属のジムを開設。敢えて茨の道を歩む。ＩＢＦ初代世界バンタム級チャンピオン新垣諭を育成。

二〇〇四（平成十六）年九月、立松和平と自宅に見舞い、今生最後の盃を交わした。癌治療の一助となるようにと、病の経緯を克明に書きしるしていた。十月、食道癌で死去。

バトルホークとは
「戦う鷹」でありしかば
逆風を蹴る
怯まずに翔ぶ

アマで一二三勝（一〇四ＫＯ）九敗の驚異的戦績を残しながらミュンヘン五輪に行けなかった男！　プロ転向後も、敬遠されチャンスを掴めなかった男！　食道癌療養中も酒と煙草を止めなかった男！　好きな言葉は「逆風」だった。

東京都台東区立坂本小学校の後輩で、わがボクシングの師。元日本ライト級王者バトルホーク風間、行年五十四歳。

運命！　志賀武男

悠久や命を断ちて征くからに「運命」交響曲五番は聴かず

成績の悪い奴を集めたD組に入れられてしまった私は、受験どころではないと思い、大隈講堂裏の予備校、早稲田ゼミナールの夜間部に入学した。一九六〇（昭和三十五）年、高校三年の春である。

目を瞑れば
五月の空はただあおく

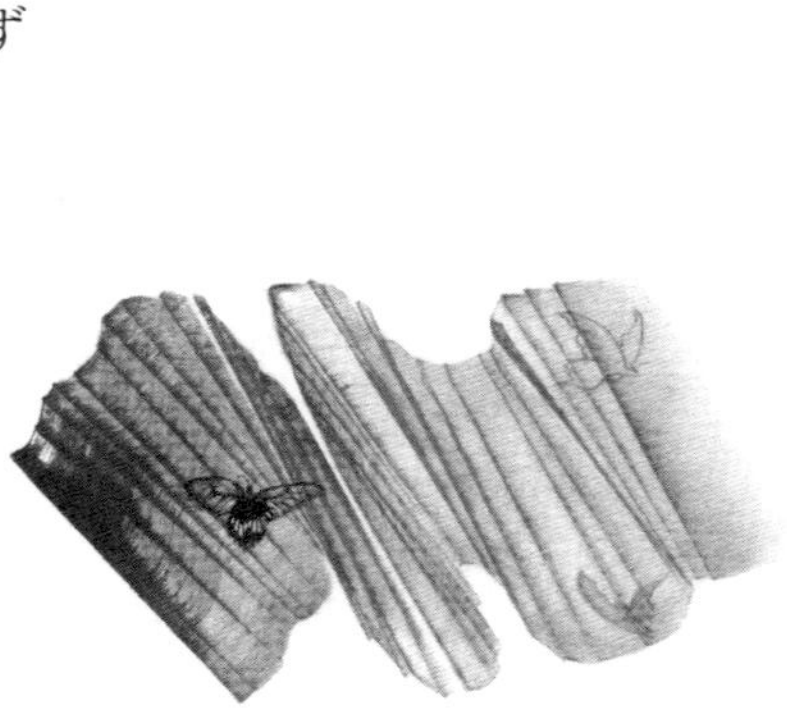

いまも無言の
デモ隊はゆく

吉田精一先生など著名な講師陣の中に、アカデミズムとは無縁の一匹狼がいた。元GHQ教官で、専任英語講師の志賀武男先生である。講義の合間の一言一言が十七歳の私を打った。なかでも忘れられないのが「未見の我」。

「いまだあい見《まみ》えていない自分自身。未知なる自分、その自分と出会ってみるのです」

先生は諄々と熱く語った。使われないままに日々死滅してゆく膨大な脳細胞。

「どれほど優れた叡知や才能が君たちの体の中で眠っていることか。だからいま力がないからといって、自信をなくしてはいけない。芳醇な酒は静かに熟成を待つ。大器は晩成するのです」

浅沼稲次郎
刺殺されたる報道に
泣いて叫べる
わが金釦《きんぼたん》

秋になって、先生は「運命」について語られた。そして近代ロマン主義の先駆者で、若くして自ら命を絶った北村透谷の詩「蝶のゆくへ」を板書、朗々として暗唱してくれた。「舞ふてゆくへを問ひたまふ、／心のほどぞうれしけれ／秋の野面《のづら》をそこはかと、／尋ねて迷ふ蝶が身を」。近代的人間の自覚を、透谷は「内部生命」の変革に求めようとした。思想文学、運動家としての生き方もまた凄まじいものであった。しかし帰着するところは孤であったのだ。

「行くもかへるも同じ関、／越え来し方に越えて行く。／花の野山に舞ひし身は、／花なき野辺も元の宿。」

この詩をなした一八九三（明治二十六）年九月、透谷二十四歳。近代という時代の闇とその相剋を一身に纏った透谷は、この年の十二月、咽を突き刺し自殺をはかっている。

「前もなければ後もまた、／「運命《かみ》」の外には「我」もなし。／ひら〳〵と舞ひ行くは、／夢とまことの中間《なかば》なり。」

蝶の境涯こそ、なすことをなした後は「運命」にすべてを委ねるという透谷、畢竟の生き方であったのだ。よし、これがおのれの限界であると悟るところまで漕ぎ続けてみよう。後は「運命」に任せよ。思うに、目的に向かい純真に、最もよく生きた時期であった。志賀先生、あれから五十二回目の秋が闌けようとしています。今日、「詩歌論」の講義で、学生に「運命」を語りました。

母と娘　黒田幸子

差別にも怯まず歌う芸能の花紅葉せよ！　阿国よ阿国

浅草六区興行街、懐かしの瓢箪池。その幻の池畔にいまも点る大衆芸能「木馬館」の灯。劇場脇には、「浅草名物となった木馬館の安来節は昭和五十二（一九七七）年六月の公演をもって終幕となったが、唄い続けて四十年、木馬館の安来節は、浅草の大衆芸能史上に不朽の名をとどめている」の立札が立つ。

「♪わしがお国で　自慢なものは／出雲大社に　安来節」

三味線、笛太鼓も賑やかな安来節は、民謡の中でも特異な存在で、昔から全国を回る一

座がいくつもあった。安来節の合間に曲芸などの演芸をとりいれ、いわば民謡による少女デビューである。その花形が、一九一六（大正五）年、安来湾を見下ろす米子市に生まれた黒田幸子であった。

ドーランの
したに隠せしわが素顔
さみしき春の
雲ながれゆく

人前で歌い始めたのが四歳。実力は群を抜き、十五歳で吉本興業にスカウトされ、十九歳でレコードデビューを果たした。ＮＨＫが初めて安来節を流したのは、黒田幸子の功績である。一九三八（昭和十三）年、吉本から独立。名古屋七宝館に拠点を移す。日米開戦の年、マネージャーの実弟千春と結婚。翌年、幸文を出産。名古屋での旅館生活を精算、東京へ進出。浅草雷門前の一等地に建てた三階建が、幸子一座の新住居となる。やがて東京大空襲で家屋は焼失、夫はビルマで戦死……。

以後、焼け野原に建った木馬館を中心に活躍。ラジオから流れる幸子の熱唱は、戦後の辛い境遇を生きる人々に励ましを与えた。一人娘の幸文も成長、絶妙の囃子《はやし》詞《ことば》で母を助ける。姉妹のように華やかな二人にあの丘灯至夫が詞を贈っている。

「♪食うや食わずは我慢はするが／声の続かぬ日がつらい／出雲生まれの母と娘ふたり／今日もこの歌安来節」

訃報に接し駆けつけた。

「あら、入歯外してないよ」。心配する一門の人々を笑わせ、艶然と微笑し手術室に向かったという。浅草演芸ホールが最後の舞台となった。

浅草の
灯ともし頃の賑わいに
入りて帰らぬ
母娘がありき

「デビューから六十八年、トリでフィナーレを迎えました」とは、幸文さん。

民謡の女王に菩提寺住職の私は、「至藝院安来日幸大姉」の法號を贈った。翌年、立松和平を会長に「黒田幸子二代目襲名披露公演」が浅草雷ゴロゴロ会館で開催された。

あれから十四年、二代目黒田幸子は母譲りの美声と情感で、日本人の心の故郷を切々と歌い続けている。

夢と断念　塔崎健二

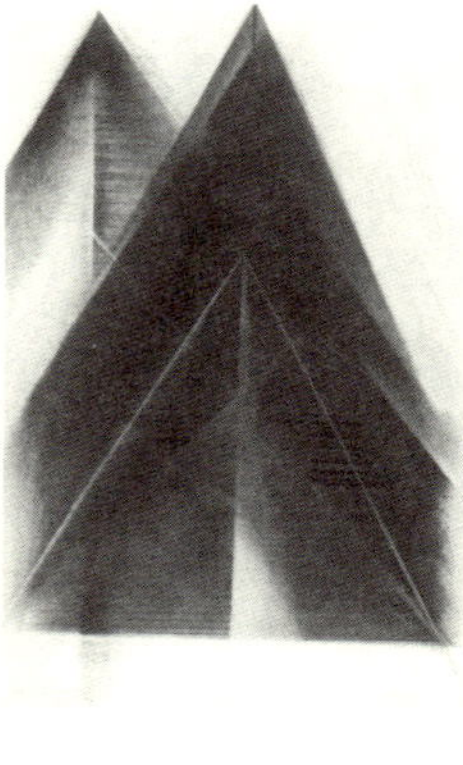

ヒマラヤへゆきたしあわれ雪渓を峰を越えゆく鳥に知らゆな

旅の途次、旭川で久保厚子に会った。彼女は、八〇年代「幌別問題」以来の反原発の運動家で、旭川市議会議員。

あれは初の北海道一周短歌絶叫コンサートが開催された一九八五（昭和六十）年の冬であった。石造りの劇場「河原館」は満杯で、修了後も興奮の余韻は続いていた。石狩鍋が振る舞われ、宴が最高潮に達した時であった。大男が突然立ち上がり、絶叫コンサートを否定する演説を始めたのだ。宴席はにわかに白み、ミュージシャンたちは一斉に席を立った。

吹雪の中を追いかけて来た人がいた。

「福島さんを呼んだ彼が一番感動しているはずです。ただあの人は、ああいう表現の仕方しかできない人なのです」

と、美貌の女優は、主催者を熱心に弁明した。久保さんとの出会いである。

たおやかに
湖沼はありて層雲峡
天人峡の灯も
遠く去る

以来、旭川でのコンサートの度に男の消息を聞いた。

内藤昭、筆名・塔崎健二。河原館を常設館とする劇団「河」の劇作家で演出家。また不遇な生涯を閉じた小樽の詩人小熊秀雄の研究家でもあり、アイヌの老婦人との交流を綴った小説家でもある。北海道の大地に立ち、明日へ向かって激しく生きることをやめない人である、という。

日本列島を縦断する「短歌絶叫二十五周年コンサート」の旅に出たのは、十七年前の今頃。旭川の公演を終えた翌朝、久保さんと市民病院へ向かった。病室には小さくなった体が横たわっていた。

突然、左手が上がらなくなったという。気にとめず片腕でトラックを運転した。病名は進行性筋ジストロフィー症。筋肉の萎縮と脱力が徐々に進行し、ついには肺や心臓の筋肉も機能しなくなってしまう難病。

内藤さんは、大きな声で私を迎えてくれた。

「いつも絶叫コンサートを心にかけていました」

彼は小説の抱負を語り、旭川時代の小熊秀雄を語った。私は高橋和巳に献じた新歌集『黒時雨の歌』を、謝意を扉に記して贈呈した。しかし本を開くことはもう出来ないのだ。

彼は書きたいことをたくさん抱えたまま、断念の日々を生きてゆかなければならない。明るい秋の陽光を浴びながら病院を振り返った。そして、濃い私の影を踏みつけてやった。

人生の改札はまだ
まだ少し
黒く時雨れて
游びたきゆえ

市井の書家　山住慶子

常盤座の奈落の底に渦巻きて揉まれ流れてゆきたる花か

私の母道江は、一九一七（大正六）年、浅草花川戸に生まれ、日米開戦の年に結婚。私を生んだ翌春死去、二十六歳だった。

母上の帯締
いずこ花緒切れ
花川戸まで

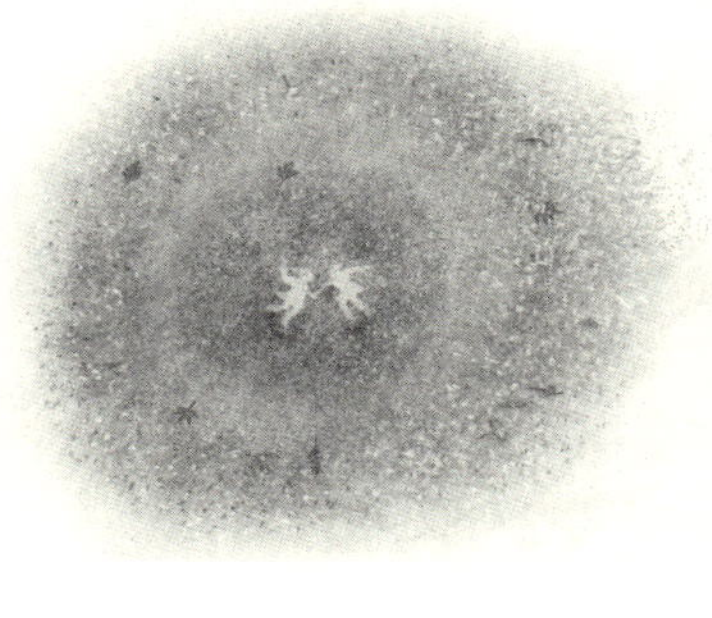

濡れて来たれり

母に親友がいた。下駄屋の慶子ちゃんである。

関東大震災の翌年、二人は浅草小学校に入学。日本一の繁華街、浅草の復興は目覚ましかった。浅草オペラ、活動写真、レビュー、トーキーと心を時めかしながら二人は、成長してゆく。高畠華宵の挿絵が載る「少女の友」などに競って短歌を投稿した。

商業学校を卒業した一人娘の慶子は東京地下鉄道株式会社に入社、得意の算盤で経理を担当。震災後に開通（浅草〜上野）した地下鉄は、最もモダンな乗り物だった。

勤めに出て自由を得た彼女は、少女時代からの夢であった書の道に入るべく田中海庵に師事。一九四三（昭和十八）年、夫松太郎を迎える。翌春、親友道江と永別、夫は出征してゆく。長女和子誕生の喜びも束の間、東京大空襲で家を喪い、知人を頼りに家族は、北海道上川郡和寒《わっさむ》村に疎開。厳寒の地で農作業に従事すること四年。

バラックに筵《むしろ》を敷いての浅草の生活が始まった。家族は夫、父母、一男三女の八人に膨れあがっていた。彼女は家事と育児、鼻緒の挿替《すげかえ》に追われながらも、家族が寝静まるのを待って書に励んだ。鶏鳴を聴くことも屡々《しばしば》だった。

新聞紙

繋ぎ合わせて
渾身の出来映えならば
捨て難くいる

山住さんは私の母の死後、私が生まれた寺の檀家となった。墓参に来ると目に涙を溜めて私を「ヤスキちゃん」と呼んだ。早生した親友の忘れ形見を不憫に思ってくれていたのかもしれない。修行を終えて初めて回向に伺った。山住さんは家業の傍ら、店の奥に書道塾を開いていた。あれから四十年あまりが過ぎ去っていった。

初個展は二〇〇八（平成二十）年十一月、山住さんはこの日、九十一歳の誕生日を迎えた。『山住慶玉書作展作品集』には、「まだまだ未熟」「これからも学んでゆかねば」とある。寺の客殿、廊下すべてを展示場とした書作展は、雄大にして厳粛、奔放にして緻密な創作世界が、のびやかに躍動していた。

「先師の教えを心技に育み」「修練の長い歩みの中から生み出された」と書家國井久美子は言う。「我になほ若き血のこる柿の秋」、小母さんは俳人で、私の母を記憶する最後の人でもあったのだ。

慶玉先生逝きて一年。私の寺で遺作展が開催される。「大道無門」の、床の間の篆書《てんしょ》が、こせこせ生きるなと、今日も私を叱りつける。

野晒の歌　坪野哲久

五臓六腑を滾らせ咽《むせ》び歌いなん五分の魂まげてはならず

東京世田谷経堂の閑静な住宅街、「草露舎」の木戸を潜る。渋い袷《あわせ》を召されたその人は、「方丈」と呼ぶ居間に端座しておられた。蓬髪、白髯白鬚《はくぜんはくしゅ》の美丈夫である。

坪野哲久、一九〇六（明治三十九）年、石川県高浜町の漁村に生まれ上京、苦学して東洋大学に学ぶ。渡辺順三らと無産者歌人連盟を結成。卒業後、東京ガスの人夫となる。一九三〇（昭和五）年、処女歌集『九月一日』刊行（発禁処分）。「九月一日」は、関東大震災（と自身の誕生日）に因《ちな》んだ命名である。

翌年、生涯の同志山田あきと結婚。戦旗社員として検挙される。三二年、東京ガスストライキ中に喀血、東京府内を転々。三六年、歌誌「鍛冶」創刊（後に谷中安規が挿画を担当）。翌年、長男荒雄誕生。

家ゆきてあくなき母の顔をみん能登の平《たひら》に雪あかねすも
胸元に銃剣つきつけられても怯まぬかああ今のおれは怯むと思ふ

一九三九（昭和十四）年、烈しい故郷への思慕と美と思想を骨子とした第二歌集『百花《びやくげ》』を刊行。戦時の、孤絶してゆく魂の懊悩は第三歌集『櫻』となって、

曼珠沙華のするどき象《かたち》夢にみしうちくだかれて秋ゆきぬべし

の絶唱を生む。

「春さむきかぜ一陣《いちじん》の花びらがわが頬をうち凝然《ぎようぜん》と佇《た》つ」。四二年三月、治安維持法違反として病臥中検挙。四月、喀血。四五年、起訴猶予となり敗戦。歌集『胡蝶夢』『人間旦暮』（以上、不識書院）に至る師の戦後が始まった。

終の栖家となった草露舎をお尋ねしたのは、一九八七年十月、文芸季刊雑誌「月光」創

刊のためである。中国の香り高い汾酒《ふんしゅ》を頂きながらのインタビューは延々六時間に及んだ。師は、来し方を語り、現在を問うた。

「これからも本音の歌をつくんなさいよ」「詩人であり、芸術家であるってことは、死を覚悟しなきゃあ駄目ですよ。野晒を覚悟しなきゃあ」

汾酒に酩酊、私が家路についたその夜、師はこの一首をなしていたる。

民衆を困《くる》しめる奴《やつ》とめどなく極悪ならば眉間を撃つぞ

「月光」二号に頂戴した「方丈旦暮」五十首が、生前最後の発表作となった。

うつぜんと花咲く老樹の十翼のかがやき見れば世のさまならず
やすらぎはいずくにありやこの炎《ほ》むらいまにやまざる流謫《るたく》のこころ

八十二歳の哲久の織りなす韻律は、若くたおやかで妖しいまでに美しい。昭和という時代と刺し違えるように、昭和尽の一九八八年十一月九日死去。

核と癌　ああ文明の貌としてかがやきおびて世紀末来る

せんべい雲　鷹野ゆき子

草木に命を宿す悲しみの母より賜いし乳房は切らず

　出会いは、東京江戸川橋の画廊ニケ。深い慈しみに満ちた石の輝きに涙する私の前に、照れた微笑の彼女がいた。

　鷹野ゆき子、一九四〇（昭和十五）年、東京に生まれ、信州丸子町の豊かな自然の中で少女時代を過ごす。東京芸大油画科では、林武、牛島憲之教室で油彩、矢橋六郎にモザイクを学ぶ。卒業後、牛島教室の同窓生とグループ・プシケを結成。大学院壁画科を修了後、島村三七雄教授の助手を勤める。臂力《ひりょく》を必要とする壁画に、女性の助手は少ない。

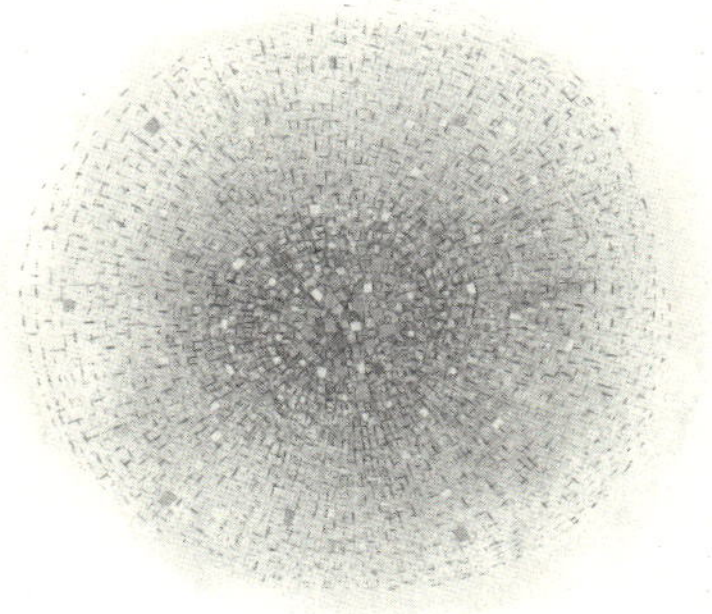

一九七二（昭和四十七）年、第一回モザイク画個展（丸の内サエグサ画廊）で「月の女神ダイアナ」「太陽神アポロン」などギリシャ神話を題材にした大作を出品。以後、銀座フタバなどの個展に中期を彩る、ヨーロッパ風景を発表。尊大なモザイク画のイメージを払拭するかのように、作風は次第に、「茶わん」「大根」「石鹸とたわし」など、懐かしい日本の風物へと移行してゆく。

配管の這う
屋根裏のアトリエの
食器を容れた木の
林檎箱

山積みの大理石、工具が塞ぐ配管剥き出しの賃貸ビルの一室。それがアトリエであり、居室である。ハンマーで石を割り、形状、色彩を整え、離れて眺め、丹念に接着してゆく。彼女は、寝食を忘れモザイク画に没頭した。

年の半分は、岐阜大垣市の矢橋大理石の広漠とした工房で働いた。八六年五月、乳癌発覚。ストイックに生きた彼女は、乳房を喪うことを怖れ、創作に命を託した。美しい光に浮かぶ「せんべい雲」、伊豆「松崎」に注ぐ太陽に私はゴッホを思い、無垢なる魂の昇華を観た。「温かい大地、手つかずの自然のような人……」、親友佐中由紀枝の弁である。

一九九〇（平成二）年三月、死去。

九二年十一月、友人たちによって「鷹野ゆき子モザイク画遺作展」（麻布美術工芸館）が、開催された。無名の画家の遺作展に、五千人もの人々が足を運んだのだ。人々の感動がそうさせたのか、作品は日々輝きを増していった。

同時に刊行された『鷹野ゆき子モザイク画作品集』（彌生書房）に恩師牛島憲之が言葉を贈っている。

「不自由な素材にもかかわらず、自然石にはこんなに色彩が豊富なのかと感心させられることがしばしばでした。」「晩年の作品からは、石という世界を超えて」「調子の深まり」を得、「彼女自身の世界を創造されました」。

生涯作品百余点の他、新幹線駅舎、交通会館など制作に携わった作品は数知れない。至純の魂は、千曲川流れる父母の山河に眠っている。

信州の黒い
瓦の屋根に降る
ひかりのように溶けて
またふる

やなぎさわ　小野祐男

愛と死のアンビヴァレンツ落下する花　恥じらいのヘルメット脱ぐ

生まれ育った東京下谷を後に、愛鷹山麓の村落の一人となったのは、三島由紀夫が壮絶な最期を遂げた一九七〇（昭和四十五）年の十一月。

寺の前には川が流れていた。裏山から吹き下ろしてくる木枯しは、女の泣き声のように悲しかった。囲炉裏に酒を滾らせながら私は、来し方のことなどを想った。想うことは歌に連なっていった。

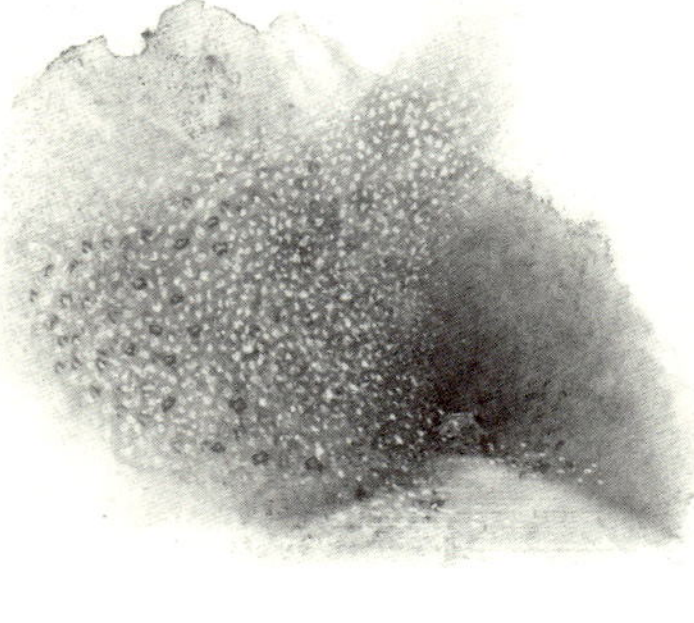

ああ今日も暮れて
だだだん
だだだだと村に太鼓を
轟かさんよ

朝の勤行を終え寛いでいると、お婆さん方がやって来ては、世話を焼いてくれた。日暮ともなると、野良仕事を終えたお爺さん方が立ち寄り、茶碗に酒を注ぎながら昔話に花を咲かせた。静岡県沼津市柳沢妙蓮寺での日々が始まったのである。

朝起きると、本堂再建を祈念し、団扇太鼓を叩いて村を回った。椿が落ち、桜が吹雪き、皐月や躑躅《つつじ》が咲き出すと、蝉時雨の季節を迎える。

かなかなが啼《な》きはじめると、秋が足早にやってくる。山が黄や紅に染まり、また木枯しの季節が始まるのだ。裏山から落葉は容赦なく降ってきた。草刈りや落葉掃き以外に法務のない寺でもあった。

やがて村に槌音が響き、二十八軒の檀徒が肩を寄せ合い、壮麗な本堂が落慶したのである。もう雨漏りや床が抜け落ちる心配もないのだ。お婆さん方の切々たる想いが、大黒柱である息子や嫁の心を動かしたのである。

二十七歳だった私も、三十四の春を迎えた。この間、『エチカ・一九六九年以降』『晩秋挽歌』など四冊の歌集を刊行した。結婚し、娘も得た。突如、宗門から東京下谷法昌寺復興の命が下ったのである。「青山はおれにあるかや珈琲を挽きつつ此処に死すると言ふを」と歌い、「村の灯もやがて消えなむ月光にしたたか濡れてわが寺はある」と歌った俺ではなかったのか。柳沢に骨を埋《うず》めるはずではなかったのか。煩悶の日々が続いた。

村人を欺き
親を裏切って
月光の中
溺れるごとく

村で最後に詠んだ一首である。夕暮、挨拶に来る人々に、床に滂沱の雨を滴らせて詫びる私がいた。

あれから三十五年、総代の祐男さん、千秋さん、利夫さん、日露戦争出征兵士を見送った伍作さん、政市さん。「埴生の宿」を英語で唱った操さん、世話焼きの菊江さん、お松ちゃん、お愛ちゃん。皆、幽明境を異にされてしまわれた。

御恩は忘れません。柳沢は、私の第二の故郷、第二の青春の地でもありました。

テルオさん　露木輝男

肺を病み俯く背中に零れ落ちる血の色ならず冬の日溜り

東京大空襲で寺を焼け出された父母は、近隣の寺の離れの二階に間借りしていた。戦争が終わり、疎開先から、兄、叔母、祖母、私が帰り、戦地から叔父が相次いで帰還。八畳間は家族で膨れあがった。

三歳の私に友達ができた。階下で生活するサイトウさんチのケイコちゃんだ。手をつないで二人は、瓦礫の山の焼跡や、焼け残った路地を歩いた。戦後まもない風景を、不思議によく覚えている。

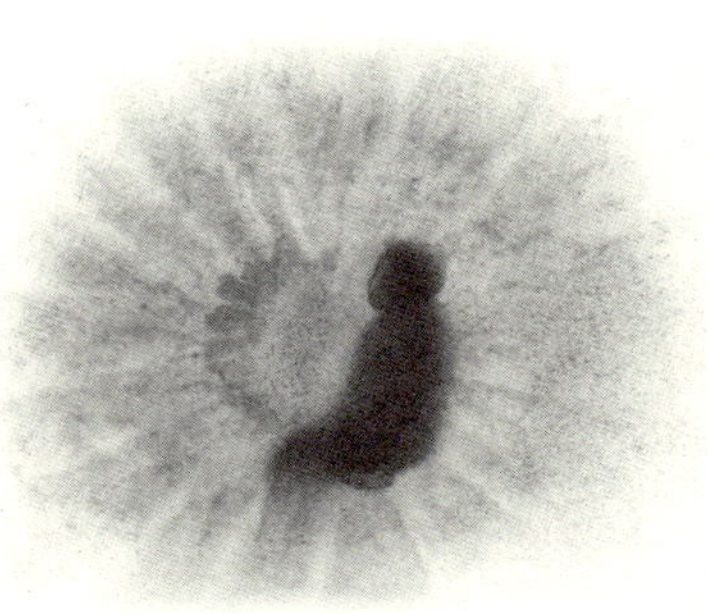

挙手をして
あらわれいでし
軍服の叔父を迎える
若き父上

冬の日溜りの縁台に、静かに座っているのはテルオさんだ。縁台に左手を突き、体を反らすように日向ぼっこをする、坊主頭のずんぐりした後ろ姿を、私は立ったまま眺めていた。テルオさんはこの寺の息子で、肺病だった。

人の気配に気付いたのであろうか、弱々しく俯いていたテルオさんが、ゆっくりと振り向いたのだ。むくんだ青白い丸顔。

テルオさんの記憶はそれだけである。寺の過去帳を紐解くと、「昭和二十三年九月十二日／鷲峯院泰輝法師／二十歳」と記されている。

戦地から叔父たちの相次ぐ帰還、だが戦争にも行かず、空襲にも遭わずに済んだのに、肺病で死んでゆかなければならなかった寺の跡取息子。このように私の幼年期は、生と死が激しく交錯するその直中にあったのだ。私を生んで、二十六歳で死んでいった母もその一人であろう。

落陽を突き進みゆく
自転車の
真っ赤に燃えて
わが母上は

私の最初の記憶は、祖母の背中から眺めた出雲の田圃（二歳）。平穏な時代の中で、母に庇護されながら迎えた幼年であるなら、こうまで記憶が鮮明なわけはない。そして、しみじみと思うのだ。

どのような縁《えにし》によるのであろうか、いま私は跡を継ぐはずであった父の寺ではなく、幼年期に家族が身を寄せたここ法昌寺の一室で、この文章を綴っている。テルオさんが生きていたら当然、寺の跡を継いでいるはずである。

テルオさんは、いまでも私の記憶の中で、真っ赤な血のような日溜りに身を休めている。生者は馬齢を重ねてゆくほかはなく、二十歳で死んでいったあなたは、今日も縁台に俯いたままだ。

無残の美　及位 覚

肉の色かなしかりけり雪吹雪け加速されたる人生詩集

毎月十日、東京吉祥寺曼荼羅で月例「短歌絶叫コンサート」を開始して二十七年目の十二月を迎えた。最初のステージは「サトル」であった。

サトル、歌手友川かずきの実弟で、本名は及位《のぞき》覚《さとる》。出身は、秋田県湖北八竜、昔は八郎潟が満々と水を湛えていた。兄が詩人を夢みて故郷を捨てたように、サトルも高校を終えると海を越え、春浅き函館へ向かう。土方歳三、石川啄木、函館は夢敗れた男の眠る地である。

各地を転々としながら、詩を書いた。「どこへ行ったらいいやら、と投げやりな思案に一人あきれ笑いをしながら」放浪した。川崎の兄のアパートに部屋を借りたりもした。「愛しい時間に抱きついている私を／すり抜けてゆくものがありました／加速された人生でした」

好きな詩の一節である。責めるものは、自分しかなかった。

母は地で
稲を刈るかや弟は
颪の線路に
つっ立っていた

君の消息を知って、八竜から家族が駆け付けたのは、君が故郷を捨てた十二年後の一九八三年十月のことであった。大阪、阪和線富木駅踏切で君は列車に身を委ねた。サトル、兄が書いているぞ。

「母はいま産み落とした赤子をあやすように、よしよしと何度も頬をさすり、覚をずうっと慕っていた弟の友春は目を真っ赤にしながら口に酒を含み口移しにそれを浸していた」

「やがてゴオウという炎の音がして覚は旅立った」

工事現場から現場への旅であったらしい、そして孤独の夜を待って大学ノートに詩を書き殴った。無口で誰とも口をきかなかった。死んだ日は地下足袋で出かけて行った。線路にはラーメンが散乱していた。サトル、最期にラーメンを食って死んでゆくなんて淋し過ぎるぞ。故郷の母の方が、詩よりも重たいって考えたことあるか。遺稿『及位覚遺稿詩集』（矢立出版）が刊行され、兄は涙を蹴散らして唄った。

「死を賭けてまでやる人生だったのだ／よくぞ走った　走ったぞ　無残の美」

日溜りに
風は吹くかな
血のついた頭髪ゆれる
真昼間の闇

十二月十日、今年最後の曼荼羅。私は「サトル」を絶叫する。

雪の宵　大岡昇平

霙《みぞれ》、霰《あられ》、雹《ひょう》と変じてさて廿歳《はたち》わたしの上に降る雪吹雪け

中原中也の雪の詩が口をつく季節となった。「今夜み空はまつ暗で、／暗い空から降る雪は……」「ほんに別れたあのをんな、／いまごろどうしてゐるのやら。」。

一九二七年、三十歳で死んでいった詩人を世に送り出したのは、大岡昇平であった。創元社版『中原中也詩集』が、フィリピンから復員した作家の戦後最初の仕事となった。以後、評伝刊行、全集編纂解説と情熱を傾けてゆく。

たったひとりの
女のためにあかあかと
燈しつづけて
きたるカンテラ

中原中也没後五十年祭がその故郷山口市で開催されたのは、一九八六（昭和六十一）年十月。市民会館大ホールは二千人もの人で溢れた。若き日からの一ファンに過ぎない私が、没後五十年の、メインのステージに出演するのだ。

記念講演の壇上に立った作家は、疾風怒濤《シュトルム・ウント・グランド》を共にし、早世した友がいまや昭和を代表する大詩人に成長した、その五十年を噛みしめるように語った。

「今日このあと福島泰樹さんの中也絶唱があります。中也の詩を短歌に分解して、バンドの伴奏で、力強く唱うのです」「中原の魂の呻きと叫びを代唱しているように古い友人は感じます」

舞台の袖で私は恐縮し、ダンディーな容姿に見入っていた。作家は、中原がなぜに朗読にこだわったかを諄々と説明し、「中也はこのように朗読しました」と一言、あのブランコの擬音語「ゆあーん　ゆよーん　ゆやゆよん」（「サーカス」）をテナーを張りあげ、身を反らして絶叫したのだ。拍手はいつまで鳴りやまなかった。

中也死に
京都寺町今出川
スペイン式の
窓に風吹く

中也詩を短歌に変奏した歌集『中也断唱』（一九八三年・思潮社）が刊行されるや、大岡さんは新聞に二度までも讃辞を寄せ、出版記念会の発起人に名を連ねて下さった。「ホテルの屋根に降る雪は／過ぎしその手か、囁きか」「ふかふか煙突煙《けむ》吐いて、／赤い火の粉も刎ね上る。」。昭和の終焉を数日後にひかえたクリスマスの日に、あなたはあり余る仕事をなされ、七十九歳の生涯を閉じられた。命日の二十五日、今年もあなたが作曲した「雪の宵」を聴き、夭折の詩人と結んだ友情にこころ致すことでしょう。

しめやかに
花びらのように
降る雪に手を差し伸べて
みたけれどだめ

曰く「不可解」 七原秀夫

若き日に出会いしからに若き貌　手を振る霧の彼方の友よ

春の日差しを浴び、スロープをのぼって行った。文学部中庭入口にピケが張られ、「米ソ核実験反対！」の立看が危機を煽っている。デモへの参加を呼びかけての集会であるのか。教室への入口は、ピケ隊にふさがれている。

突如、集会中央に躍り出た男が、ワイシャツの腕を振り上げ、演説を開始した。見れば、西洋哲学科の同期七原ではないか。制止しようとする活動家を、学生たちが糾弾した。たった一人で、しかも言論をもってする、堂々たるピケ破りである。これが自由の場！　大学

であるのだな。感動する新入生の私がいた。

藤村操「巌頭之感」
を朗々と
唱えしからに碧き
血しぶき

連れ立って私たちは、食堂に向かった。「「巌頭之感」を知ってるか」、首を横に振る私に、「悠々たる哉天壌《かな》、遼々たる哉古今、／五尺の小躯を以て比大をはからむとす、／ホレーショの哲学……」。

朗唱を終えた七原が、熱く語っている。「日露戦争前夜、日光華厳の滝に身を投げた一高生藤村操が、傍らの水楢の幹を削り墨書した詩文だよ。鬱積する社会不安の中、一高生の哲学的死は、日本中を震撼とさせ、非戦論を巻き起こすに至った……」。

七原は、デモに参加すると言って、去って行った。

「核実験には断固反対だ。しかし、授業を受けるか否かは、学生個人の自由に委ねなければならない」

七原、あれから五十年。数日前、哲学科入学の有志が大隈会館に集ったのだよ。恩師、そして他界した学友に黙祷、大いに旧交を温め合った。

ホレーショの
哲学ついにわれ刺さず
悠々たるかな
五尺の匹夫

最後に君に会ったのは、級友桶本欣吾の新婚宅だった。一九六九年歳晩、世情は騒然としていた。俳優養成所では、江守徹と同期で、現在は歌舞伎座の大道具部に勤務し、脚本を書いていると言っていた。

その晩は、私の部屋に泊まった。目を醒ますと、枕元に漢詩で綴った置き手紙！　君は、いつでもドラマチックであろうとした。

時代は矢のように過ぎ、昭和が平成となり、二十一世紀を迎えた。十八歳の君が朗唱した「曰く「不可解」」の語が今日も、老いた私の耳朶を揺るがす。七原秀夫、君の行方は杳《よう》として不明のままだ。

巨像はゆきぬ　野間 宏

嗚呼！　ゴビの砂漠を遙か越えゆきて駱駝の乳の酒飲みしかも

　アルメニアの首都エレバンでの会議を終え、セバン湖へ向かう機内の狭い坐席だった。大きな体を私にあずけるように作家は、こう言ったのだ。「福島さん、私に法華経を教えて下さい」。恐縮し、不明を恥じ入る私に、生命の危機を憂うる老作家の目は、優しく温かだった。私の困惑を察したのだろう。「私が死んだら法華経を聴かせて下さい」と一言、私が注いだコニャックを飲み干した。「末法無戒」を肯《うべな》う、私がいた。

野間宏氏と頒つ
コニャック、アルメニア
誰か怒りて
無戒を言うな

第二回バイカル会議（ソ連、モンゴル、アラスカ、日本の作家がエコロジーを働きかける運動）は、一九八九年五月、コーカサスの真珠と讃えられるセバン湖で開催された。薔薇色の大地に白亜の原発聳えるアルメニアの美しい湖もまた深刻な環境問題を抱えていたのだ。

壇上の作家は、綿密なデータのもと、オゾン層に関連して南極の汚染状況を語った。生命の破滅を察知したこの人は、すでに七〇年代初頭から、科学の分野に踏入り、気の遠くなるような研究を続け、自ら海外に飛び（国内の狭山事件などの差別問題以外にも）運動を推進してきたのであった。

『暗い絵』の不安、『真空地帯』の切迫、『青年の環』の実存、そして自伝的長編『わが塔はそこに立つ』の宗教的懊悩などなど、これまで私が知る作家像は多分に偏っていることに気付いた。

野間宏は、寺の子に生まれた私の青春の書でもあった。

「宗教と文学」の
あわい、
漂いてあえかに喘ぐ
花を思いき

第三回バイカル会議は琵琶湖、この年の秋。野間宏は、弱った体に鞭打ちフォーラムに参加、人々を感動させた。第四回は、九〇年七月、モンゴルの首都ウランバートル。大草原を美しい曲線を描いてくだる清流に、悠久のいのちを思った。砂上に仰向き涙ながらに月を仰いだ。だが、作家はゴビの砂漠まで足を延ばすことはなかった。

翌一九九一年一月逝去、行年七十五。『生々死々』（講談社）が最後の長編となった。棺の枕辺で法華経を誦した。

この正月二日は、二十三回忌の命日。人類の行く末を最後まで危惧しておられた。

永劫に悪は
回帰す汚染伐採戦争、
悲しみ深く
巨像はゆきぬ

七つの顔を持つ男　片岡千恵蔵

此処を左に曲がれば夜霧に咽び泣く三ノ輪シネマの灯《ともしび》　いずこ

連合国軍総司令部（GHQ）の「チャンバラ禁止令」によって、剣戟映画は逼塞していたが、法令が解除されるや嵐寛寿郎「鞍馬天狗」シリーズが復活した。一九五〇（昭和二十五）年、私が小学校二年生の時である。

杉作に
なりたしぼくは嵐呼ぶ

白馬《あお》の背中で父を恋うため

そう、昭和通りを渡ると入谷金美館だ。東京大空襲で、隣接する浅草は全焼した。だが映画館は不思議に焼け残ったのだ。銀幕では大河内傳次郎の「丹下左膳」や、市川右太衛門の「旗本退屈男」が、群がる悪者を斬りまくっていた。阪妻（阪東妻三郎）に夢中になり、たちまわりや声色を真似る八歳の私がいた。

いま一つ得意な声色は、片岡千恵蔵「七つの顔を持つ男」であった。

「ある時は片目の運転手、ある時は老医師、ある時はインドの魔術師……、しかしてその実体は、正義と真実の使徒、藤村大造だ！」

その正体を明かす、多羅尾伴内シリーズのラストシーンである。六年生になった夏休み、林間学校で箱根の湯本温泉に宿泊した。近くの旅館になんと、あの憧れてやまない時代劇の大スター片岡千恵蔵が滞在していることを知った。

あたりは深い霧に覆われていた。私たちは旅館の玄関前に陣取って千恵蔵の帰りを待った。ほどなく、数人のお伴を順えたその人が、霧の中から歩いて来るではないか。慌てて私たちは、道を譲った。

見上げれば、中折れ《ソフト》を脱いだ多羅尾伴内。瞬時、私の体が走った。あろうことか、千恵蔵の右手を両手でつかみ力一杯、私の方へ引き寄せていたのである。苦笑いを浮かべながら子供に、引率されてゆく名奉行遠山の金さん、左衛門尉景元がいた。

みな興奮していた。内気で引っ込み思案のはずの私は、まるで英雄であった。「手を触らせろ！」。私の両手は、六年二組の学童たちに揉みくちゃにされていた。

歳月は
霧にまみれて
遠山の金さんあわれ
花吹雪せよ

六十年ちかい歳月が流れ、しみじみ思う。私の人生であれほどまでに果敢に、決意し、行動した、美しい一瞬があったであろうか。

綺麗な男よ！　李 東春

何をしに海を渡ってやって来た！　牛丼喰えば泪滲みき

阪神淡路大震災から、十八回目の一月十七日を迎えた。震災は被災をまぬがれた人々の運命にも及んだ。

暗く淋しいわが心臓は
夜のジム、
サンドバッグの

鳴りやまざれば

私は、これほどお人好しで、不運に泣かされ続けた男を他に知らない。

グレート金山。韓国大邱《テグ》出身、本名李東春《イ・ドンチュン》。韓国バンタム、J・バンタム級の二階級を制覇、二度も世界に挑戦。三度目の挑戦を夢見て海を渡った。しかし、騙されての日本移籍であった。

手にするファイトマネーは少なく、屋根裏部屋で、一日一食の牛丼で飢えを凌ぐ。テレビを見ながら一人で日本語を習得。最初の試合は名古屋、後の世界王者畑中清詞。勝ったと思った。不運はさらに続き、交通事故で腰を痛める。

しかし悪条件の中で健闘。畑中戦後は、一三戦（九ＫＯ）無敗。日本の上位ランカーを右フックの強打で、マットに這わせ、日本バンタム級王座も四度防衛。私が、東京水道橋、後楽飯店で三十歳の彼に会ったのは、一九九三年六月。来日、五年の歳月が流れている。私はこう書いた。

「食卓の御馳走には箸をつけずに帰って行った」「なんて温かでおおらかで愚直で、辛抱強い奴なんだろう。君は、悲劇を笑い飛ばす、したたかな精神の撥条《バネ》！　グッド・ラック李東春よ。綺麗な男よ」

たからかに
勝利の右手あげしかな
後楽園に
星の降る夜

以後、日本王座を三度防衛、スポンサーと恋人を得、大阪寝屋川のアパートで不運なボクサーに、幸せの時は流れていった。しかし阪神淡路大震災でスポンサーが罹災。世界王者のベルトとジム創設の夢を失った彼は、自ら保持する日本王座に固執することなしに、生活できない状態に追い込まれていたのだ。

そして迎えた八度目の防衛戦の相手は、ソウル五輪選手の川益設男。レフリーのミスと不可解な判定！で王座を失った彼に、幸運が舞い込んだ。大手ジムへの移籍である。

一九九五年九月五日、元王者は、後楽園ホールでの再戦にすべてを賭けた。勝てば世界挑戦も夢ではない。青コーナーで判定を聴いた直後だった。元王者は、人事不省に陥ったのだ。

生涯戦績は、日韓最多の五七戦四五勝（二六ＫＯ）。もう、不運に泣かされることはないのだ。

美貌の人　吉原幸子

掌の中の風よ、小鳥よ、あゝそして握り損ねた夢の数々

今年、最初の読書は、昨秋刊行をみた『吉原幸子全詩Ⅲ』（思潮社）であった。
「手のなかに風を閉じこめているようだった／そう、飛びたちたがっている鳥を」の二行が心に沁みた。俺に、切羽詰まってしなければならない一事はあるか。飛び立ちたがっている鳥はいるか。

詩人と出会ったのは、一九七五（昭和五十）年秋。早稲田祭講演打揚げの席であった。全詩巻末年譜に、「〝破戒僧にして悲痛な熱血漢〟の歌人・福島泰樹を知り、二次会から自

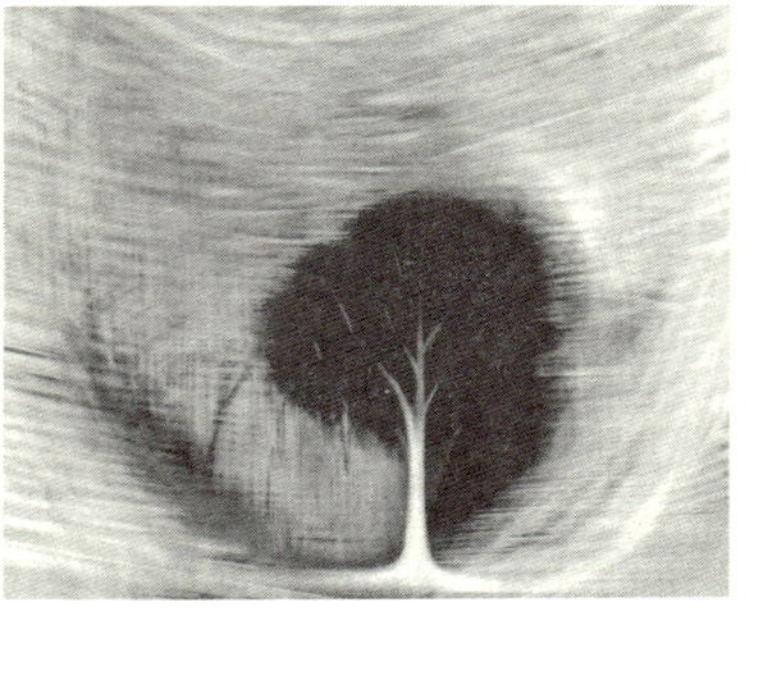

宅に流れた数人と共に飲み明かす」の記述がある。

女主人の間髪いれぬ
切り返しに
しどろもどろの
塩辛蜻蛉

この夜をさかいに、百人町（新宿区）の吉原邸にしばしお邪魔することとなる。吉原さんは、ばりばりの東京ッ子で歯切れの良さは抜群。酔うと弁舌は凄みを増し、たじたじとなる私がいた。東大では仏文を学ぶ演劇青年、卒業と同時に「劇団四季」に入団。いきなり主役に抜擢されるが、秋には退団。退団に至る魂の懊悩が、彼女に詩を書かせた。「風　吹いてゐる／木　立ってゐる／ああ　こんなよる立ってゐるのね　木」。処女詩集『幼年連祷』（一九六四年）は生命の佇まいを、理知と情感のみずみずしさと美しい韻律で歌い上げた珠玉の名編。

吉原幸子をゲストに私の朗読会が日暮里の「カフェ・ジャルダン」で開催されたのは一九八〇年九月。黒装束、鋭い目の動き、ハスキー、諧調の妙！　美貌の詩人は、朗読の名手であった。天満敦子のストラディバリウスの演奏に陶然として対抗する私がいた。

やわらかく乳房
ちぎれてきえてゆく
煙草のけむり
目に沁みる午後

「別冊太陽　煙草の本」巻頭煙草対談など、詩人との充溢の時は過ぎていった。この間、彼女の活躍はめざましかった。季刊詩誌「現代詩ラ・メール」の創刊。自宅に多目的ホール「水族館」の創設。

だが、一九九四（平成六）年、パーキンソン症候群の診断を受ける。最後の詩「落雷」に「わたしは孤独であり　孤独ではなかった」の詩句。二〇〇二年十一月死去、七十歳だった。

夕まぐれ、私の寺の賽銭箱の脇に酔っ払って座っていた。震える肩、光る涙！　詩人の孤独を見てしまったことを、いま私は罪のように思い起こしている。

殉教の美学　磯田光一

払暁の雪を聚《あつ》めてさんざめくあの街灯もみえなくなるのか

大雪の成人式。嬉々として私は上野恩賜公園の雪を踏み、「創業明治五年」の西洋料理店「精養軒」の窓辺から雪空の彼方、微笑する痩身の批評家に盃を揚げた。

蹶起せし青年将校！
払暁の雪
こんこんと

眠る乙女は

磯田光一処女評論集『殉教の美学』を手にしたのは一九六四（昭和三十九）年、想像力を撥条《バネ》とした、敗北の美学に心酔する二十一歳の私がいた。六九年、大学闘争では中央大学を辞任。美と思想に生きる人の気骨と潔癖を思った。翌秋、三島由紀夫の自決は、日本の近代を思想史的に捉え返そうとする批評家の意志をつよめた。『邪悪なる精神』『近代の迷宮』と、喘ぎながら読み進めてゆく三十前後の私がいた。

十二本肋骨
摘出せしことも
殉教ゆえに
いたしかたなし

御茶ノ水の夕暮の茶房。「東京の地名を歌に詠み込む試みをしています」と言った途端だった。批評家は、東京市役所編『東京市町名沿革史』を置く神保町慶文堂へと私を案内してくれた。古本屋街の棚までも熟知しているのか。驚嘆する私を、銀座のバーに誘い、東大英文科在学中、結核の手術をしたことなどを、楽しそうに話してくれた。『思想としての東京』が上梓されたのは、その翌々年の一九七八年であった。

私の歌集『中也断唱』が刊行されるや、「日本読書新聞」一面に「非人称のエレジー」を寄稿、出版記念会では発起人を代表して、身に余る言葉を下さった。

美と思想
生きる男の反骨を
つらぬきしかな
美事と思う

『イギリス・ロマン派詩人』では英文学者としての位相を。八〇年代になってからは『鹿鳴館の系譜』『戦後史の空間』『左翼がサヨクになるとき』と書き進め、愈々『昭和文学史』の執筆にとりかかろうとした矢先の一九八七年二月、心筋梗塞で急逝した。まだ五十六歳だった。

凛々しい遺影に接し三島由紀夫を思った。美恵子夫人に是非にと言われ、その含羞の遺影に経をあげた。嬉しそうに、私のことを話されていたとのことである。

不忍池を見下ろす精養軒の雪の窓辺、磯田光一がその席にいない、時代の淋しさを思った。この二月五日は、二十七回忌の正当命日。池畔の灯が雪に煙っている。

師弟の悲しみ　松田 修

「暗黒の司祭」と君を呼びたるは寺山修司、共にて果てにき

思えば、あの政治的興奮の去った七〇年代知的無風状況を切り裂くかのように、血の装束を纏って躍り出たのが、松田修『刺青・性・死』（平凡社選書）であった。日本文化の基底部を極彩色に抉った、あの異端のエロチシズム！

野枝さんよ
虐殺エロス脚細く

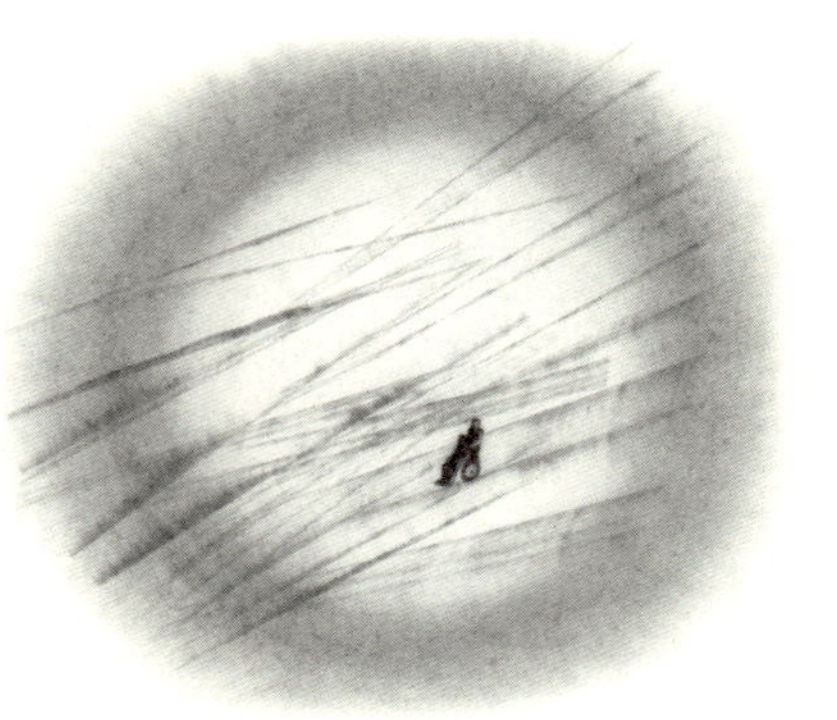

光りて
冬の螺旋階段

冬ざれのわが茅舎《ぼうしゃ》（沼津市柳沢）を訪ねて来る人がいた。松田修、四十五歳。日本近世文学、芸能史を専門とする国文学者でありながら、その問題意識は多方面に及び、意匠の文体をもって（性、差別など）人間と社会と文化の宿業を浮彫にした。

聞けば、淡交社の紀行シリーズ『十返舎一九―東海道中膝栗毛』取材の途次であるという。路銀を盗まれ「沼津食わず」の弥次喜多が眺めたはずの富岳を、鰻を食しながら二人で仰いだ。

一九七七（昭和五十二）年、東京に舞い戻った私はギターの龍と組んで、ステージ活動を開始した。「泰樹は、肉声の短歌をうたいうる希有の一人である」「肉声でしかうたいえない絶滅鳥である」。私の「短歌絶叫論」を最初に書いてくれたのはこの人だった。評論集『非在への架橋』『日本の異端文学』（講談社）新版『闇のユートピア』（白水社）！と激昂して読み次ぐ三十代の私がいた。

一九八〇年、氏は法政大学教授に就任。八三年秋、寺山修司の墓が建ち、腕を組み墓参した。氏は、パーキンソン病を発病していたのだ。吉祥寺曼荼羅、毎月十日の月例コンサートにも足を運んでくれた。一九九一（平成三）年、『絶叫、福島泰樹總集編』出版記念会には、愛弟子中込《なかごみ》重明が押す車椅子から激励してくれた。

中込は、近世文学の研究者で落語、講談などに優れた業績を残す。母校法政で講師と警備員をしながら、師の手足となって働く。師の大学退任（九三年）後は、自宅と病院で身を尽くした。

つややかな
あぶらよ熱く口寄せる
漣《さざなみ》は立つ
壜のふちより

二〇〇二年、右文書院から『松田修著作集』（全八巻）の刊行が始まると、眠りを断って編纂作業に邁進。翌年、最終巻解題を書き終えると同時に、脳腫瘍のため入院……。師弟に永別の時は来た。二〇〇四（平成十六）年二月六日松田修死去、七十六歳。その二カ月後、中込重明死去、三十九歳。その童顔が忘れられない。

脳腫瘍に倒れた中込を支えたのは、ゼミ仲間の中村恵美子だった。再起不能を承知で結婚、夫の遺志を受け継ぎ、師が遺した膨大な書籍や原稿、日記、メモの整理に追われる日々を過ごしている。

Gペン上のアリア　三嶋典東

ホイッスルチケットテレホンマンホールわが惜春や三嶋典東

郊外の瀟洒な家の和室に君は眠っていた。無宗教で送り出すと言う。法衣で来てよかった。枕元の君に、法華経をあげる。帰路、一気に悲しみが込み上げて来た。

その午後は
捻《ねじ》れ苦しみおりたるが
逆巻く風となりて

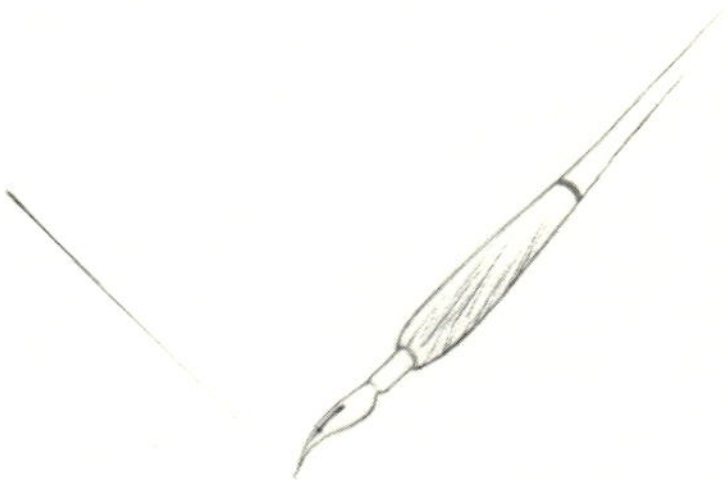

別れぬ

一九七六（昭和五十一）年、私は『転調哀傷歌』『風に献ず』（国文社）の二冊の歌集を上梓した。八月、出版記念会で装丁者と顔を合わせた。若きグラフィック・アーティスト三嶋典東との出会いであった。

以後、君は歌集『中也断唱』（思潮社）、小説『上野坂下あさくさ草紙』（彌生書房）など十数冊に創意を傾けてくれた。いずれも美事な出来映えだった。寺山修司追悼歌集『望郷』（思潮社）を前に、君は嬉々として語った。

「『続・書を捨てよ、町へ出よう』（芳賀書店）の装幀、イラストレーションすべて任せるって言うんですよ」。学生だった君の才能を逸速く見抜いたのは寺山修司であったのだ。

蕭々と降る
雨あらば人生の辛酸、
グラスに
満ちてゆく雨

「いま僕は、雨を描いています」

「よし、俺の短歌とコラボしよう」

酒場の暗がりで私たちは、眼前のウイスキーグラスに、人生の雨を降らせていた。しばらくして画面を縦横無尽に、疾走し横溢する雨を見た。すべての風景が捨象された、雨そのものの雨だ。

その雨の向こうに、さまざまな表情をした生の断面が、立ち竦《すく》み煙っている。まさに「Gペン上のアリア」だ、ぴちゃぴちゃという音までも描ききっているではないか。君は、光や風など目に見えないものを、命の力を集中させ圧倒的に線描した。ギャラリーでの発表と競合して『雨』『風』『光』（岩崎美術社）が刊行された。君は語った。

「物質的繁栄の果てに立っている、ぼくたちの気分は、見えざる非物質的な価値観との新しい出会いを、静かに待ち望んではいないだろうか」

二〇〇五（平成十七）年、母校武蔵野美術大学教授に就任。二〇〇九年、四半世紀に及ぶ線描の軌跡を集めた六百頁に及ぶ大冊『LINE STYLE』（ブルース・インターアクションズ）を刊行。

この春刊行される本の後書を書き終え、死に臨んだ。すべてに几帳面で真っ直ぐな心をもった男だった。静かな感激屋でもあった。……俺の弟！

クラクラ日記　坂口三千代

鳥けもの抉りとられた人間の臓器　桜の森に吹雪く悲しみ

「戦争に負けたから堕ちるのではない。人間だから堕ちるのである」（『堕落論』）。「批評」のなんたるかを教えてくれたのは、坂口安吾である。『風博士』、『白痴』、夫人をモデルとした『青鬼の褌を洗う女』と読み進めてゆく十代の私がいた。

二人が出会ったのは敗戦の翌々年、三千代二十四歳。戦後の混乱と頽廃の中、切ない倫理を求めて突き進む作家と併走する妻がいた。競輪不正の告発、国税庁を相手取っての闘争。持て余る体力は酒と薬物に浪した。「無頼派」と人が呼ぶ所以である。

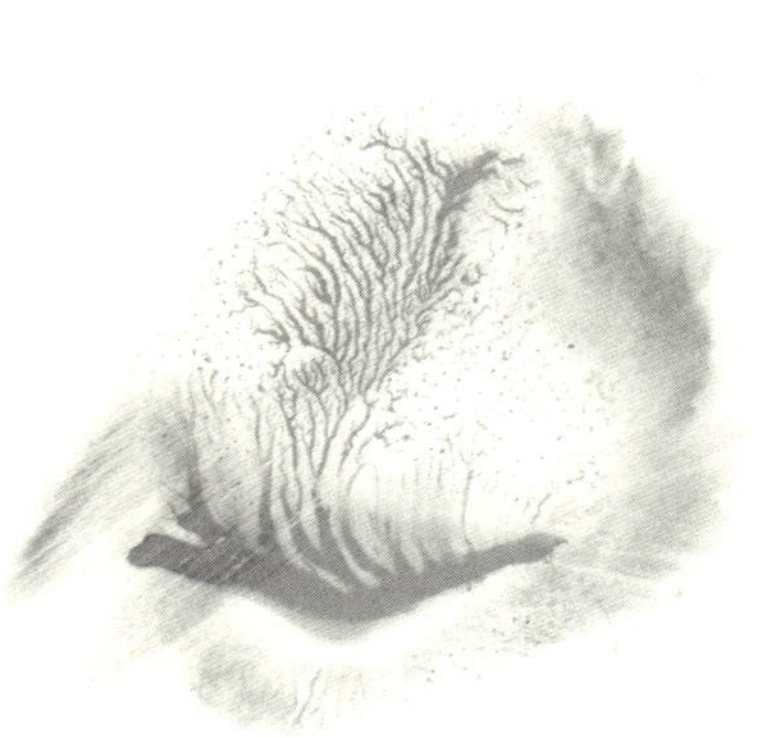

安吾急逝（四十八歳）の後は、銀座五丁目で文壇バー「クラクラ」を開店（「クラクラ」は、雀斑《そばかす》をつけた、そこらの少女の意）。

佐々木久子編集誌「酒」誌上に連載したエッセーをもとに、『クラクラ日記』が刊行されたのは、安吾十三回忌の一九六七（昭和四十二）年。作家との十八年を赤裸に綴った本は売れ、翌年には東京放送「水曜劇場」でドラマ化、若尾文子がクラクラ夫人を、藤岡琢也が安吾を熱演。毎週、テレビに釘付けになる二十代の私がいた。

若尾文子の面《おも》
つややかにあらわれて
クラクラ夫人と
重なりゆけり

夫人とお会いしたのは、没後三十年の八五年十月。「東洋大学新聞」が、母校の先輩坂口安吾を特集。夫人と私との対談を企画したのである。

「太宰治や織田作之助は無頼派といわれてもいい」、しかし「安吾は生命力の塊みたいな人で破滅型ではない、狂おしいほど生を愛し、畳の上でちゃんと死んでいます」「その生きざまの、一途な激しさに時代がついてゆけなかっただけだ」。

夫人を前に息巻く四十二歳の私がいた。

「坂口が私と一緒になったのは、四十二でした」

目を潤ませる夫人がいた。

話は『桜の森の満開の下』に及んだ。

「情感をあらわす言葉も、女が着ているものも……」と私。

「風景描写もほとんど出てこない」と夫人。

「ところが女が着ているものも満開の桜の怖ろしさも、すべてが見えてくる」と私。

坂口三千代さん、安吾が新潟中学校放校に際し机に彫ったという、「余は偉大なる落伍者となっていつの日か歴史の中によみがへるであらう」の言葉を愛おしみながら、この春私は七十を迎える。あなたの享年も間近です。

偉大なる落伍者となり
何時の日か
歴史のなかにと彫りし
安吾は

雨のカンディンスキー　西村せつ子

少し引き少しまわして露払う　傷ましき春の日のアンブレラ

コンサートが跳ねて、散らばった台本を拾い集めている時だった。客席から声をかけられた。見れば幼い子を連れた美貌の婦人。瞬時、私はクロード・モネ「散策　日傘を差す女性」を思い起こしていた。やおら婦人は、手に持った傘を差し出してきた。外へ出て、傘を開いて分かった。絵柄はまるでカンディンスキーだ。夜空に花が咲いたのかと思った。子連れの淑女は、ステージの私に花を贈ってくれたのか。

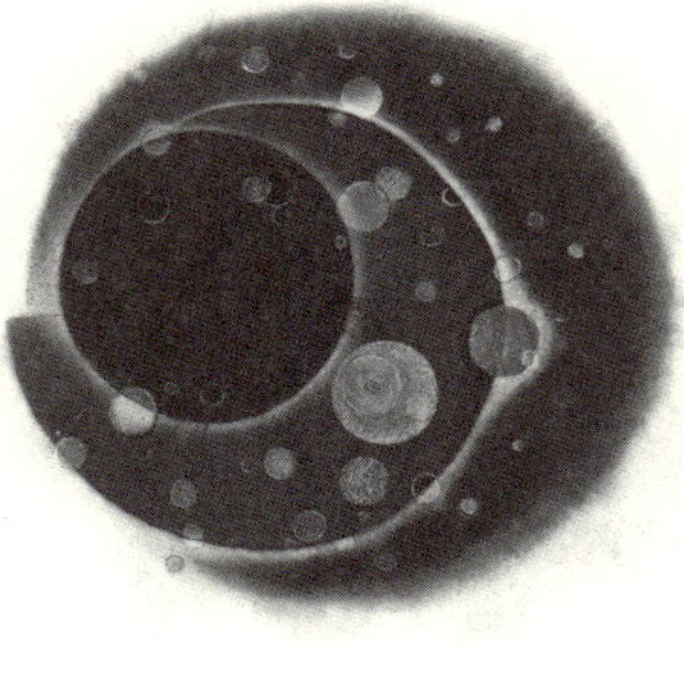

小劇場
渋谷ジァン・ジァン打揚げの
三平酒寮の
灯も遠く去る

一九八七（昭和六十二）年、私は、詩歌の復権を求めて「月光の会」を創設、「季刊月光」を彌生書房から創刊した。

うつせみのわが身はかなし襤褸布《ぼろっきれ》　夜風となって吹き荒れてやる

他数首が彼女のデビュー作となった。十数年が経ったある日、分厚い歌稿の束が舞い込んできた。歌集を刊行したい、一巻に纏めて欲しいとのこと。
一読、私は人が人に手を差し伸べようとして、必死に何かをなそうとしていた、七〇年代という時代を思い起こしていた。

再生の夢の果《は》てての紙しぐれ今宵臥所のカンデンスキー

時にデカダンスを帯びた、破裂しそうな心情の儚さが、たまらなく好きだ。私が解説を書き、二〇〇七年三月、歌集『風に語りて』は、洋々社から刊行された。
西村せつ子。一九六九年に長野県の伊那市から上京。路上には火炎瓶が鈍い音をたてて炸裂していた。東京女子大では、フランス史に興味をもち「パリ・コミューン」を研究。その縁で、早大仏文大学院生西村富美男と出会い結婚。「いませつにつよい思想に抱《いだ》かれて汝《な》れもろともに溶けてゆきたし」。その頃の歌であろうか。
歌誌「月光」二〇一三年一月号に発表した七首が絶筆となった。

錯乱の雨の日曜日血の二月鈴を鳴らして耐えているのだ

夫君への愛を歌い続けた。全共闘、一兵卒の死であった。

この川の
流れを泳ぎゆきしかば
セーヌへ！　投げし
ビラ漕ぎゆかば

母と空襲　宗　左近

桜木が燃えていますわわたくしが真っ赤に炎えて吹雪いていますわ

毎月十日、吉祥寺のライブハウス曼荼羅で月例短歌絶叫コンサートを開始して、二十八年目の春を迎えた。明日三月十日は、東京大空襲記念日である。Ｂ29の空襲により、一夜にして十三万人もの人々が死傷した。

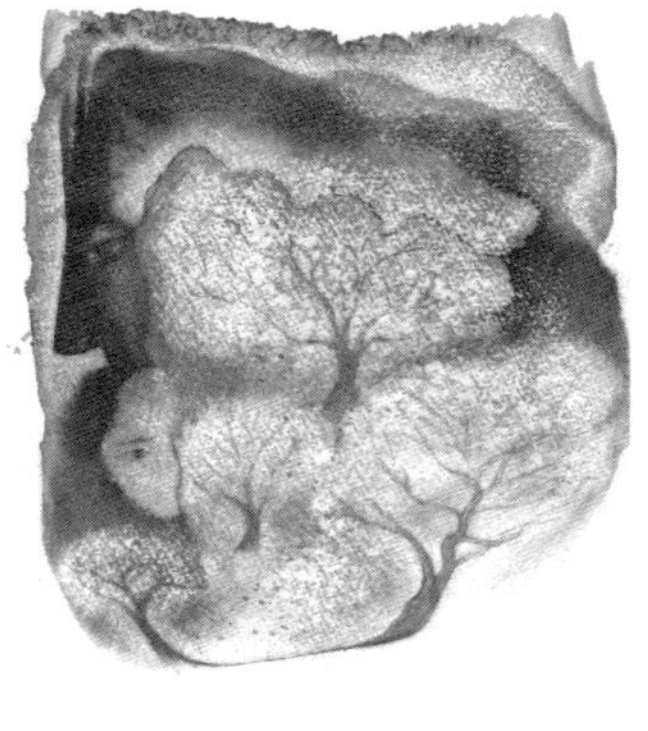

髪は燃え
睫毛はちぢれ鼻は溶け

あぶらのように
人は零れる

前年の三月、二十六歳で逝った私の母は空襲を知らない。しかし、詩人の母はそうではなかった。

宗左近、一九一九（大正八）年、福岡県に生まれ、旧制小倉中学から一高に進み、東大哲学科に入学。詩を書き、フランス象徴詩を学ぶ。徴兵を忌避するため抵抗を続け、食を減らし病人になり、自身は死なずに済んだ。

一九四五（昭和二十）年五月二十五日夜、四谷左門町で空襲にあう。「わたしと母は」「手と手をにぎりあって、炎の海のなかを走った」「掌がずり落ちた。わたしだけが、なおも走った。」「わたしは母を置き去りにした。わたしは、わたしを生んで育ててくれた母を殺した……」（『炎える母』）

身を抉る贖罪感は、戦争（と友人たちの死）を刻印しつつ以後の作品に及んだ。『河童』『愛』『幻花』『縄文』など、時々のテーマを連作詩として追求、人間存在に迫った。中でも『炎える母』（六七年・彌生書房）は、平和日本を震撼させた。

人類のみが滅びればよい

地に木の実、
空にましらの歌
とどろかん

江戸川河畔のお宅で、縄文土器の数々を見せて頂いた。明日、縄文芸術館（宮城県加美町）にすべて寄贈するという。詩人は、黒い大きな土器に、なみなみと酒を注いだ。唇を寄せると、太古の（人が口にした）土の匂いがぷーんとした。

「福島さん、土器も人も生きているんですよ」

『未生未死』（思潮社）を出した年（一九九六年、七十七歳）の十二月のことだ。以後、詩人は、十六冊もの詩集を刊行。

亡くなる前年『宗左近詩集成』（二〇〇五年・北溟社）の大冊を頂戴した。「覚書」にこうある。「非戦の誓いの憲法第九条は、友人たちの屍体の生命の液体を吸って咲き出た桜の花に他ならない。だからこそ、じつに悲しく、この上なく美しい」。明日、私は、宗左近畢生の大作『炎える母』を絶叫する。

やよひ日蓮　安永蕗子

漣よ立つな別れてゆくからに花びらよ降れ春の盃

明日への目安もたたない療養の日々、蕗子を支えたものは、天窓に去来する星の明滅であった。

何ものの声到るとも思はぬに星に向き北に向き耳冴ゆる

孤独な魂は、星に向き、極北を求めて声を発した。応ずるはずのない声を求めて、孤独

の耳は冴えわたる。処女歌集『魚愁』は、深い断念を湛えた一首をもってはじまる。凛とした述志である。

安永蕗子、熊本県女子師範学校卒業後、教職につくが胸を病み入院。戦後も療養の日々は続く。父信一郎が主宰する短歌誌「椎の木」の編集を任され出詠。ほどなく日本書道美術院に所属し、書家の一歩を標す。一九六〇（昭和三十五）年、塚本邦雄、寺山修司らの同人誌「極」に参加。その翌年、熊本で初個展。遅い出立であったが、漢学の素養と理知、抑制した情感が奏でる清冽な抒情は、雄渾美麗な書と相俟《あいま》って豊饒な蕗子世界を開花させた。

月差して荒野の如き古だたみしづけき我も秋のけものか　（『草炎』）
さらば夜の怒りのあとのふくだみし魂魄のごと暁《あけ》のあぢさゐ　（『蝶紋』）

私の愛誦歌だ。熊本城の石垣の下で、和服姿の美貌の人から私は歌集『草炎』を頂戴した。七〇年代の、遠い夏の日のことだ。

一九八五（昭和六十）年四月、熊本キャッスルホテルで『安永蕗子作品集』出版を祝す会が開催され、私は同書収録の『讃歌』を高らかに朗読した。

「姉はむねの窪みにカナリアを遊ばせ……」。永畑道子の挨拶が忘れられない。「むねの

窪み」は、手術痕のことであろう。なんと美しい姉と妹なのだ。第七歌集『水の門』を開けると、

ひるがへる僧衣さながら濡れて佇《た》つ像のあはれも弥生日蓮

の、わが寺来訪の一首がある。以来私は、雨に濡れて立つ境内の日蓮像を見上げるたびに、第五歌集『藍月』中の、「雨に千筋われに十筋の界ありて写さば煙る悲雨蓮華経」を思い起こす。

父君が亡くなられ、江津湖畔のお宅を弔問、誦経の後散策した。水に泛《うか》ぶ鳥に水鳥の歌を重ね、瞬時泣きたい衝動にかられていた。

白羽をなにに汚して生くる身ぞ末の水鳥見つつ思へば

明日、三月十七日は志《こころざし》高く生きた歌人の一周忌、「悲雨蓮華経」を唇にのせ、群肝《むらぎも》を熱く滾らせこう絶叫する。

膝折りて紙の丈余に書かむかなこのたまゆらの敗北の歌　（『讃歌』）

蒼茫の大地、滅ぶ　西村寿行

しろがねの夢よ、乳房よ、白桃よ、わが渺茫《びょうぼう》の山河をゆくに

分厚い褐色の絨緞に胡座をかいた。作家は、私のグラスになみなみとバーボンを注いだ。高層ビルの仕事場、硝子を隔て灯の聚落、不気味な都会の夜がひろがっている。

西村寿行、一九三〇（昭和五）年、高松沖合の男木島で生まれ、漁師、運転手、業界紙の記者、映画の製作、飲屋など職を転々。仕事の間隙を縫っては山野を跋渉、狩猟の血を鎮めようとした。

だが、「こんなことをしていていいのか」。「残っていた弾を空へ向けてぶっ放し」、哭き

ながら山を駆け下りた。「オール讀物」新人賞の佳作となった「犬鷲」でデビュー、三十七歳になっていた。

メディアへの出演を極度に嫌う作家が、私のインタビューに応じたのは、「大衆文学時評」（一九八〇年・「日本読書新聞」）で私が、その周到な構成と緻密なストーリーの展開、虚構と現実の織りなす「リアリズムの秘技」をもって「社会（歴史）と人間存在の闇に迫る」等々、繰り返し述べたことによる。作家にとって、虚構こそが現実なのだ。

私は、バーボンの酔いに上気して語った。「老人を書かせたら、西村寿行の右に出る奴はいない」。「犬鷲」の三吉、『荒らぶる魂』の矢作、『回帰線に吼ゆ』の老船長野崎、『滅びの笛』の老博士右川竜造、そして『蒼茫の大地、滅ぶ』の老知事野上高明。

いずれも、人を射る炯々《けいけい》とした眼光をもった老人達だ。男は枯れ木が朽ちるように老いてはならない。三吉や矢作は、愛するものの命を奪ったものに、余命を数え、存《なが》らえて得た修練のすべてを賭けて最後の決戦に備える。

右川や野上も然り、おのれの使命の何たるかをよく知る人々だ。生涯のたゆまぬ研鑽によって得た知識と経験のすべてをもって蒼氓の危機に、蹶然として立ち向かうのである。

わたなかを漂流しゆく

たましいの
悲しみふかく哭き
わたるべし

西村さん、東北地方を襲った大震災は、原発事故という未曾有の事態を引き起こしました。復旧は遅々として進まず、『蒼茫の大地、滅ぶ』同様、東北は切り捨てられたままです。東北六県知事に就任した老知事野上は「奥州国」独立を決意！　私は泣きながら、戊辰戦争に遡るこの一大カタストロフィを再読しました。虚構が現実となってしまったのだ。
聖蹟桜ヶ丘西村邸での酒盛りも、電話での低い声も忘れられません。巨悪罷《まか》り通る二十一世紀日本に、あなたが居ないことがやたらに淋しい。

敗北の涙ちぎれて
然れども
凛々しき旗を
はためかさんよ

省線電車　福島道江

青くちろちろ燃える母さん上野の山の桜吹雪いていますよ

私は、都政が布かれる前の一九四三（昭和十八）年三月に、東京市下谷区御徒町の大原病院で、東京市民として生まれている。

母道江は、浅草区（戦後下谷区と合併、台東区となる）花川戸で生まれ、関東大震災の年に浅草尋常小学校に入学、府立第一高女を卒業。日米開戦の年に父の寺に嫁ぎ、四四年三月、私を生んだ同じベッドで病死した。二十六歳だった。

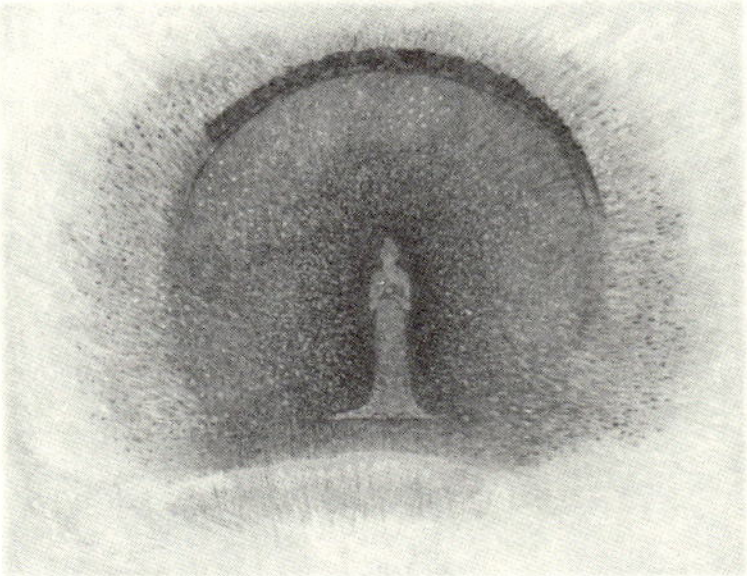

窓を開けるとガードの上を、絶えず省線が走っていた。母は電車の音を聴きながら私を

生み、電車の音を聴きながら死んでいったのだ。鉄道省管轄時代の「省線」という響きに、えもいわれない懐かしさを感じるのは、そのためであろう。

「ここよりは先へゆけないぼくのため左折してゆけ省線電車」。学生時代の作である。継母への申し訳なさから、生母のことは思わずにきた。松山へ嫁いでいった芳江叔母が母の墓参に訪れたのは、一九六六（昭和四十一）年春。学費学館闘争の最中であった。私は東京駅で叔母と待ち合わせ、泣き崩れる継母を残し家を出た。松山には、東京を焼け出された登伯父がテーラーを開業していた。伯父叔母夫婦、両家の従兄弟姉妹たちに迎えられ、初めて肉親の気安さを知った。

春はまさに闌けようとしていた。思えば、松山城での花見の宴が、一族集う最初で最後の盛儀となってしまった。

浅草公園
水面《みなも》にゆれる楊柳の
天然色幻燈機もて
わが母映せ

一九九三（平成五）年三月、五十歳の誕生日と母の五十回忌を同時に迎えた私は、日本近代芸能のメッカ浅草常盤座での最終公演を収録した絶叫盤ＣＤ『さらば常盤座の灯よ！』を、浅草ッ子の母に献じた。

墓参の後、ふと気付いたことがある。私に虫歯がないのは、戦後甘い物が不足していたからではない。胎内の私が、母の滋養を吸収してしまったからである。ならば、食糧統制下の厳しい時代に、母を死に追いやったのは私ではないか。

母さん、一昨春の大震災は、私の体に東京大空襲を蘇らせてくれました。一生のテーマとして空襲を歌い続けてゆきます。母さん、この三月私は七十歳の誕生日を迎えました。そして今日三十日は、母さんの七十回目の命日であります。

嗚呼！　そして
落暉《らっき》の中を
左折してゆきたる省線電車よ
何処《いずこ》

オレンジ色の塔　日野啓三

今日も今日もひとりかも寝む北欧の霧　東欧の雨の日暮や

寛永寺坂を上り、谷中の墓地を抜け、三崎坂を下り、団子坂を上って中学校に通った。徒歩での通学には、心ときめくわけがあったのだ。

広大な谷中霊園の森の中央に、幸田露伴『五重塔』で有名な旧天王寺の塔は在った。その堂々とした佇まいは、中学生の私に、孤独で荘厳なるものへの憧れの情感を育んでくれた。だが、一九五七（昭和三十二）年七月、放火心中事件で塔は焼け落ちた。身を切るような喪失感であった。

東京タワーが開業したのは、その翌年の十二月。芝田村町の級友の家に出入りし、完成に至るまでをつぶさに眺めてきた。貧しかったが、人々の前には明日があった。東京タワーは戦後復興を象徴する希望の塔となったのである。

歳月の
彼方に飛沫《しぶ》く塔ありて
苦しく辛き
憂愁は来る

それから三十年もの歳月が経ったある夜、新聞の文芸欄で日野啓三のエッセーに出会った。氏は、腎臓癌を患い虎の門病院に入院していた。病室の窓からは間近に東京タワーが見えた。術後、薬の投与による幻覚、病身の不安から氏を救ったのは、そこに確《しか》と立ち、存在するものの厳かさであった。オレンジ色と銀色の聖なる気配を帯びた照明の美しさも、寄辺ない身を優しく支えてくれた。氏を救ったは、東京タワーの存在であったのだ。

ベトナム戦争
解放勝利の報道に

泣いて駆けたる日も
遠く去る

読売新聞外報部の記者として、戦乱のサイゴンに赴いた体験のある作家とブルガリアを旅したのは、一九八六年秋。世界の詩人たちと朗読を競い「第六回ブルガリア国際作家会議コンクール詩人賞」を受賞した私に、氏は同行の中野孝次、立松和平、島田雅彦と共に受賞記念コンサートを開催してくれ、私が編集発行する文芸誌「季刊月光」二号に、砂漠でのいのちの体験を綴った小説「最初の風景」を寄稿してくれた。

読み返して、砂漠の砂と東京タワーの光体験の類似に驚いた。

ところで日野さん、私は東京スカイツリーと親しくなれません。多分、五重塔や東京タワーがもつパーソナリティーとは質が違うためでしょう。ついつい夜空に浮かぶ青い色調に、巨大な慰霊の塔を想像してしまうのです。

日野さん逝きて十一年、中野孝次も立松和平ももう居ない。

君はわが運命《さだめ》　山下敬二郎

一張羅のレインコートよ滴《しずく》するな　かの日の若きヒーロー皆死す

焼跡にバラックが建ち、私たちの幼年が始まった。家族の団欒はラジオの、落語や浪曲だった。八代目文楽、五代目志ん生や初代梅鶯、二代目虎造を私たち子供は、ライブで聴いて育ったのだ。

徳川夢声
「宮本武蔵」を聴きし

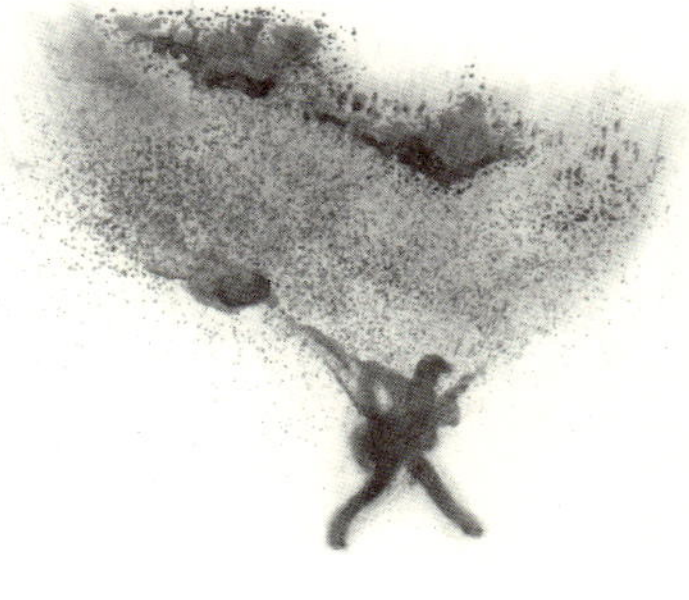

夜の団欒わかき
戦後の家族

よし、俺たちの原点を立ち上げよう。この春、下谷落語会は発足三十年を迎えた。前座から出演、二ツ目、真打へと昇進していった桂南なん、南楽（小南治）両師は、無事「百話」を噺し了えた。

あれは二十二年前の五月、処はお濠端の東京會舘。桂南なん真打披露の宴が跳ね、広間を出た途端だった。絹のスーツに身を包んだ山下敬二郎が私に微笑みかけてくるではないか。執拗な私の求めに応じ、「ダイアナ」を披露してくれていたのだ。

忽ちのうちに少年となった私は、漣のように一九五〇年代を呼び寄せていた。

動脈流爆発させて
うずくまる
水原弘に
あかい花びら

ポール・アンカが来日したのは、一九五八年。浅草国際劇場、チケットを求められない中学生の私がいた。しかし、あのポール・アンカのヒット曲「ダイアナ」、そして「君はわが運命《さだめ》」の「♪You Are My Destiny……」を、野太い咽にのせ、日本語で唄う男があらわれたのだ。ロカビリー歌手山下敬二郎である。

内気でガールフレンドもいない私は、敬二郎を真似て「クレイジー・ラブ」を熱い想いをこめて唱い、ひとり恋を恋していたのであった。

思えば思春期から青年期へポール・アンカの歌声は、わが純愛の水先案内人であった。日劇ウエスタン・カーニバルの狂騒に遅れ、ツイストにもなじめない私ではあったが、彼らの切実な歌声にどれほど励まされてきたことか。

ありがとうたのしかったぞ
いい夢を
わが青春の浮標《ヴィ》
はやみえぬ

この夜、五十二歳の山下敬二郎は、私の耳もとで「♪Crazy Love……」と唱い、力つよく手を握り返し、立ち去って行った。人を愛する悲しみを、私はあなたの歌声から教わりました。

草露の歌　山田あき

賜りし草露のいのち歌いなん　五分の魂まげてはならず

忘れえぬ人々がいる。山田あき、一九〇〇（明治三十三）年一月、新潟県東頸《ひがしくびき》郡（現在の上越市）に生まれ、県立高田高等女学校を卒業後、上京。関東大震災下の悲惨を体験。

リヤカーに積まれ
はこばれゆきにしは
九月一日

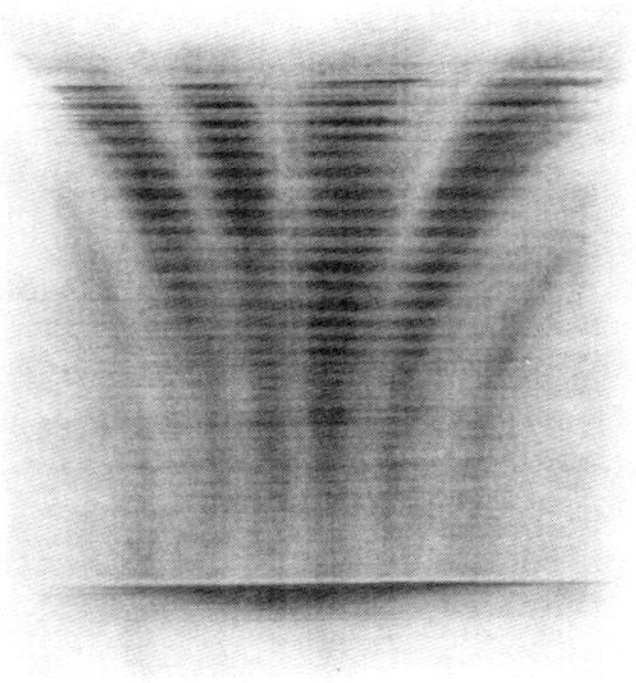

かぜぬるく吹く

自身は富裕な農家で生まれていながら、プロレタリア短歌運動渦中の人となる。一九三一（昭和六）年、六歳下の坪野哲久と出会い、結婚。胸を患う夫と都内を転々、手内職の裁縫で必死に家計を支える。練馬街道を焼鳥の屋台を引いたりもした。三六年、哲久と歌誌「鍛冶」を創刊。翌年、荒雄誕生（哲久三十、あき三十七歳）。

この間、「戦旗社」の非合法活動などで夫と共に数度にわたり検挙される。凄まじい拷問が罷《まか》り通った治安維持法下の獄中である。

戦後刊行された処女歌集『紺』で、「追われては血を吐くきみにしたがひし十七年よわれのたましひ」と歌った。『紺』は、夫哲久への美しい相聞歌集でもある。

清冽なるいずみとなりてあふれよとまどろむときにやさしきこゑす

唇にのせ玩味していただきたい。一九七七（昭和五十二）年『山河無限』、八〇年『牀上《しょうじょう》の月』を不識書院より刊行。八十歳、生死を極めた蹶然の集である。

哲久亡き後の九〇年五月、世田谷区経堂のお宅（草露舍）にお邪魔した。

「俳句は芭蕉の野晒からはじまっているから、原爆もただちに季語となる。しかし短歌は」「すぐ宮廷（天皇）とつながってしまう」と、現代短歌への危惧を述べられていた。九十を過ぎたこの人に薔薇を届けに伺ったこともある。人類の行く末を常に案じておられた。この人は俺よりも若いな、とお会いするたびに思った。

昭和期の激動を経たるわれの耳花散る夜の道くさりの音す　（『月光の森』）

花散る夜の静寂の道に、人を縛る鎖の音を聴くこの人の精神は死の際に至るまで老いることはなかった。「皆さまよ御夫妻ともに長らえて喜怒哀楽をなしたまえかし」。一九九六（平成八）年十一月十四日、山田あきは九十六歳と十一ヵ月の波瀾の生涯を閉じられた。夫唱婦随の厳しい短歌道であった。

荒塊《あらくれ》の病者のために
寄り添いて
おべべを縫って
くださいましな

三本の指　平仲信敏

キャンバスに顔を埋《うず》めて祈るかな敢えて本土のジムは選ばず

平仲明信が、メキシコから世界J・ウェルター級のベルトを沖縄に持ち帰った日、私は島尻郡具志頭《ぐしちゃ》村《そん》に王者の父を訪ねた。太平洋に面した島尻は、沖縄の激戦地だ。右肩切断の重傷を負った父は、残された左腕の三本の指で、石を運び、原野を耕し、家を建て、五人の子供を育てた。その指の太さは、女の腕ほどもある。

火の神よ！

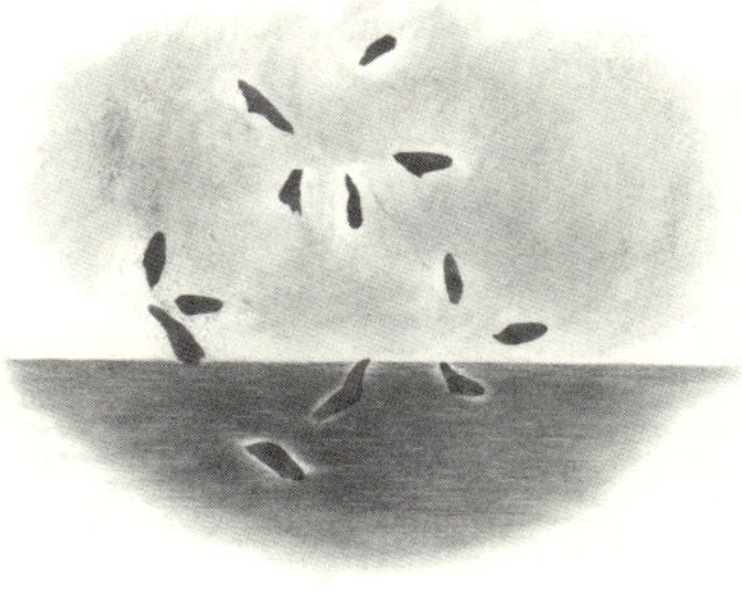

琉球同族血縁の真っ赤な
花と
なりて駆けゆく

弟・平仲信敏もボクシングを始める。南部農林高校卒業後のアマの戦績は、四五勝（三五KO）五敗。一九八八（昭和六十三）年四月、測量士の夢を捨てて、沖縄ボクシングジムからプロデビュー。八九年二月、全日本フェザー級新人王を獲得。ランキングも二位となり、王座獲得も目前と思われた。

ところが、本土のジムから敬遠され、沖縄では試合は組めない。平仲を除き沖縄のボクサーが本土のジムから世界王座を獲得するのは、そのためである。

やむをえず信敏は九州の筑豊ジムに移籍してゆく。一九九四（平成六）年、後楽園ホールで松本好二を破り、全勝のまま日本フェザー級王座獲得、二十五歳になっていた。

翌九五年八月、ついに世界王座挑戦の時がきた。ベネズエラの強豪エロイ・ロハスからダウンを奪う。勝ったと思った。しかし審判はリングに這ったロハスを支持した。

福岡の田川市に平仲を訪ねた。四輪駆動ハイラックス・サーボに乗って君は現れた。

「砂糖黍《きび》、豚の世話……。小さい時から労働した。試合中、ピンチに陥った時、家族を思い勇気を奮い立たせた」

血と汗で結ばれた家族であった。

戦場で
爆砕されし
片腕の父あるゆえに
勝ちて還らん

翌年、再度の世界挑戦に失敗した不運なボクサーは沖縄のジムに移籍。以後、判定に泣かされ続ける。その都度私は、審判は厳正であらなければならない。沖縄を差別するな、と訴え続けた。

愛妻と二人の娘のためにも、沖縄から世界を獲る！　平仲は燃えた。労働を終えてのジムワークが日課となった。

二〇〇〇（平成十二）年三月二十三日午後十一時三十五分。練習を終え帰宅途中、浦添市の県道の電柱に激突。

鼻ペチャの軽トラックに乗って死んでゆくなんて……。四輪駆動の雄姿を思った。

明日、四月二十八日は「主権回復の日」。戦後六十八年、沖縄に主権はあるのか。父の三本の指を思い起こしていた。

懐かしのわが家　寺山修司

さようなら寺山修司かもめ飛ぶ夏　流木の漂う海よ

麻布「天井桟敷館」、棺の枕元で経をあげさせてもらった。五月晴れの空、欅の若葉が風に戦《そよ》いでいた。

一メートル
四方国家の幻想を
求めて飛べぬ

人力飛行

短歌でデビューし、文学、放送、映画、演劇とあらゆるジャンルを席巻。「職業は寺山修司」と言わしめるに至ったあなたに、初めて会ったのは一九六九年秋、早稲田祭。この日私は、講演の前座をつとめている。以後、劇団の招待状が舞い込むこととなる。

「短歌版昭和ブルース」と私の歌集を批評。「鑑賞現代百人一首」では、「青春のなみだ口惜《くちお》しく　脱衣所のはだかの群に刺さる陽の雨」の処女歌集中の一首を挙げ、複合的「私」論を展開してくれた。短歌絶叫のステージ活動を本格的に始めた私に、この人の存在は大きかった。

「昭和十年十二月十日に／ぼくは不完全な死体として生まれ／何十年間かかかって／完全な死体となるのである」

一九八二年十一月、朝日新聞に発表された詩「懐かしのわが家」が、夢の相続を伝える遺書となった。

「そのときが来たら／ぼくは思いあたるだろう／青森市浦町字橋本の／小さな陽あたりのいゝ家の庭で……」

戦争で父を喪い、母とも離れ孤独な少年時代を過ごしたあなたにとって、青森空襲までの数年間を母と二人で暮らした小さな家が、魂の帰るべき場所であったのだ。今日、五月四日は、あなたの命日。まだ、四十七歳だった。

　あおぞらに
　トレンチコート羽撃けよ
　寺山修司
　さびしきかもめ

一九八四（昭和五十九）年五月、一周忌の霊前に追悼歌集『望郷』（思潮社）を献じた私は、池袋スタジオ２００で追悼絶叫コンサートを開催。翌年二月には、ギターに加えピアノ、尺八、ドラムからなる絶叫バンドを結成。

「頓挫した歌への意志を／受け継ぐ者、／それは私だ。／願わくば寺山修司よ、／われらが魂の絶叫に涙してくれ」の志をかかげ吹雪の北海道一周短歌絶叫コンサート「望郷」を決行。

以後、渋谷ジァン・ジァン（閉館後は渋谷アピア）を根城に毎年、絶筆「墓場まで何マイル？」、長編詩「李康順」、歌集『田園に死す』など作品の数々を絶叫してきた。五月十日、私は、吉祥寺曼荼羅で没後三十年追悼コンサート「望郷」を万感をこめて開催する。

羊雲離散　小野茂樹

官能に溺れしからに蕩々と流れる雲となっておったよ

私の最初の「五月の死者」は、あなただった。次いで高橋和巳、寺山修司、春日井建、清水昶と敬慕する兄の世代の人々を喪っていった。

蕩々と
流れる雲よ来歴よ
青い渚を

走りゆきにき

訃報に接し急行した。棺の中に、頭に繃帯をまいて微睡《まどろ》むあなたがいた。ほんの二カ月前、私の歌集『バリケード・一九六六年二月』の出版記念会でスピーチをくれたばかりではないか。

二・二六事件の昭和十一年に東京渋谷に生まれ、学童疎開を体験したあなたは、「東京を冬の夜ふけに発ちきしがふたたびは見ずかの町並みを」と回想する。幼くして「死」と「記憶」が文学的テーマとなったのである。

早稲田短歌会で活躍、卒業後は角川書店から、河出書房新社に転じ、世界文学編集に従事。一九六八（昭和四十三）年、処女歌集『羊雲離散』（白玉書房）を刊行。

あの夏の数かぎりなきそしてまたたつた一つの表情をせよ

は、歌集中つとに有名な一首。悲恋に終った青山雅子との数奇な運命を経て、その人と結婚。少年時の夏をたぐり寄せようとする、美しい相聞歌である。

一九七〇年五月六日夜、小野茂樹は、銀座三原橋のバー「Virgo」でヴィヴァルディ「四季」を聴きながらグラスを傾けていた。少し前あなたは、自身の死を予見するかのような歌を発表している。

　尋常の朝を迎ふるごとくにてこのけざむさになべては死せむ
　濃き霧のかなたの眠りおもふときただよふごとし覚むるひとりは

　リルケではないが、おのれの死を死にうる者のみが、軽やかに歌いえる祈りがある、と二十六歳の私は書いた。時計は七日午前一時を回っていた。銀座四丁目の角でタクシーを拾った。数分後あなたは、霧の路上に抛《ほう》り出されていた。

　みないった
　茂樹もきみも花あらし
　雪の電車を
　待つことはない

　どうしたことだろう小野さん、この歌はあなたの事故死前、私が雑誌に発表したものです。まこと、行くものはみな行ってしまったという感慨は深く、ほどなく私は「七〇年代挽歌宣言」を発する。あなたの居ない現代短歌は寒い。微笑の美しい人であった。

ウエークアップ・ヨシオ！　白井義男

昭和二十七年五月十九日！　リングはありき国敗れども

万歳をする父、兄が見える。暗い三十燭の電球の下、箪笥の上のラジオの実況放送に熱中していたのだ。一九五二（昭和二十七）年五月十九日午後八時十九分！　白井義男が世界フライ級チャンピオン、ダド・マリノを破り、日本人初の世界王者となった瞬間だ。後楽園野球場特設リングには、四万五千人の大観客が殺到、白井の偉業は敗戦に打ちのめされていた日本人に、生きる自信と希望を与えたのだ。

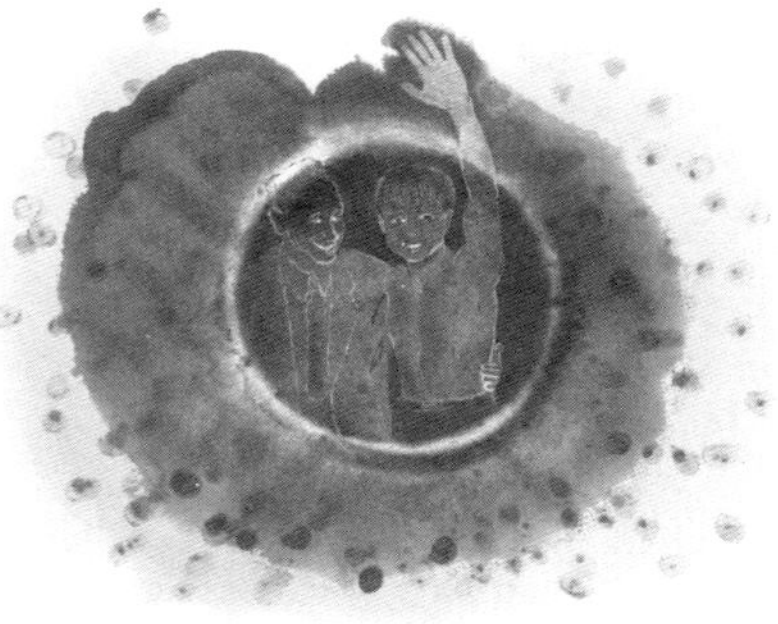

灯火管制下の
リングに殴り合いしかば
涙よ汗よ
グラブの傷よ

「昭和十八年十一月」全勝で「大日本帝国最後の試合に出場」、「やっと掴みかけた青春の栄光……」。目に涙を溜めて白井さんは、私に語った。やがて召集。青森の特攻隊秘密基地で敗戦を迎える。この間、死地に飛び発って行く隊員たちを悲痛な思いで見送る。

焼野原の東京へ帰還。進駐軍のハードな慰問試合で腰を痛めた男にチャンスがめぐってきた。ＧＨＱ勤務の生物学者アルビン・カーンとの出会いである。博士は、白井の右ストレートに天性の閃きをみてとったのだ。コンビを組んで勝ち進んだ。

串田昇に雪辱、花田陽一郎と対戦、日本フライ級王座を獲得。

「脳震盪をおこしてコーナーに帰った時、ウエークアップ・ヨシオ！　の一声《いっせい》で我に帰った。一声がなかったら、今日の私はなかった」

そして「世紀の一戦」で、日本バンタム級王者堀口宏を破り、二階級を制覇。博士は科学的ボクシングを叩き込んだ。

「アメリカ人に勝って
自信を与えよ！」と
青き瞳の
人を忘れず

ハワイから羽田に着いたダド・マリノ一行は、血のメーデー事件に遭遇、銀座パレードは急遽中止。食糧不足の戦後の混乱はいまだ続いていた。十五回判定勝利！ 以後王座を四度防衛。一九五五（昭和三十）年五月、パスカル・ペレス（アルゼンチン）にＫＯ敗を喫し、引退。三十一歳になっていた。以後、博士の進言で実業界に転身。成功を収め、社会に貢献する。元王者は、故郷シカゴに身寄りのない博士を家族に迎える。偉業を達成した愛弟子に看取られながらカーンは七十八歳の天寿を全うした。
戦った相手にいつまでも友情と敬意を惜しまない、絹の三つ揃いの似合う紳士であった。

ひたぶるの青春なりき
サンドバッグ、
叩かん！ 明日の
荒野は知らず

高貴なる精神　佐瀬 稔

魂の奥底ふかき挫折さえ乗り越えて来し霧のリングよ

空腹のまま、一日の労働を終え、減量のためジムで汗を搾る。黙々と孤独の闘いを戦い、試合に備える姿は、いつも私を感動させる。

ノンフィクション作家佐瀬稔は書く。「ボクシングに限らず、職業、人生の過ごし方、立ち向かい方、その他あらゆる分野、レベルにおいて技術を磨くことは必修の課目である。技術の習得は向上の実感をもたらす」。『彼らの誇りと勇気について』（世界文化社）等、精神の気高さを謳《うた》った評論の数々は、ボクシング論を一新させた。一九三二（昭和七）年生

れで往年の名勝負を知るこの人と、飲むビールは格別の味がした。

ロープ際の魔術師
さはれ幾たびか追われ
必死に
放ちしフック

私の絶叫コンサートでは、「悲しすぎるぞ!」と哭きながら野次を飛ばし、無冠の帝王ジョー・メデルがメキシコから来日の折りは、専門誌のインタビュアーである私を、羨ましそうに眺めていたこともあった。

最後に会ったのは、一九九八（平成十）年三月二十九日、両国国技館。日本J・ライト級王者コウジ有沢を、破竹の新鋭畑山隆則がKOにくだした後の選手控室だった。佐瀬さんは、入院先から医師の反対を押し切って駆けつけていたのだ。白い顔の佐瀬さんと握手をして別れた。

訃報に接し世田谷区赤堤のお宅に急行した。まだ、二カ月しか経っていないではないか。花で囲まれた柩。焼香を待つ長い行列の中に、世紀の日本タイトルマッチを制した畑山隆則がいた。導師をつとめる私に黙礼、おもむろに王者は、柩の上にグローブを載せた。

コウジ有沢との死闘を記念するグローブである。なんて粋なことをする青年なのだ。私は目頭を熱くしながら、美しい光景を見守っていた。
青森の家を飛び出し上京した十七歳の少年が、ボクシングと出会うことによって成長。いまダークスーツに身をつつみ、颯爽として高貴な儀礼をやってのけたのである。なるほど「技術修得」の努力は、このように人を向上させる。

敗北の
苦き涙も明日のため
眠らん眠り
明日は勝つべし

佐瀬さん、あなたが逝き十五回目の五月。この間日本では、実にいろいろの事がありました。しかし、ボクシングに魅せられた若者たちは、この飽食の、空虚な時代をものともせず、勁い克己の心をもって明日《あした》へ向かい、鎬《しのぎ》を削っています。

雨の臨終正念　樋口顕恭

淋しくば群がりて咲く花となれその紫陽花の蒼白き顔

雨の病院を訪ねた。「臨終正念」を祈念した本尊を所持してだ。だが、その必要はなかった。枕元には既に小さな曼荼羅が奉安されている。窓の外、雨に濡れた紫陽花にいくつもの人の顔を想う。

ああ若き
死者たちの顔微笑むな

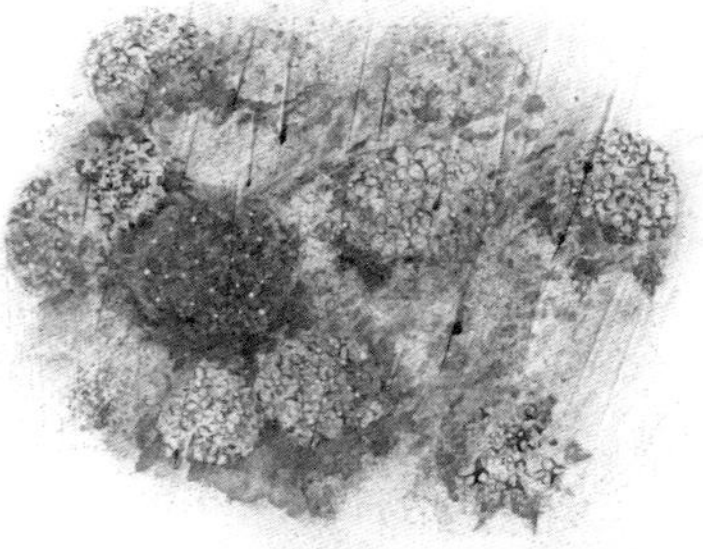

球形の花
群れる夕暮

末期癌でもう食事もとれない。痛苦がないのは信心の御陰、と娘さんは話していた。樋口さんは休憩室で好きな煙草を吸っておられた。

「このまま痛まずに体が衰弱していってくれればいいと思っています」「昨夜、ラジオで法華経の講義をしていましたが、お上人さんお聴きになりましたか」

痛かった。その時間、私は下谷の居酒屋で無明の酒に酔いしれていたのだ。もう先がないことを知りながら、最後の最後まで精進してやまぬというのか。

樋口顕恭（恭一郎）、一九一〇（明治四十三）年、府下久留米町に生まれ、尋常小学校卒業後奉公に出、やがて三輪石鹸に入社。袴田メリヤスで定年を迎え、きよ夫人に勧められ荒川区南千住の法華宗立正教会に入信。

渡辺日顕上人の教化に浴した樋口さんは、二人の信者と共に得度。このとき師僧九十五歳、三人の弟子のうち最年長のあなたは七十七歳だった。関東大震災の廃墟から立ち上がり、苦難の末に開設した教会の後継者を得た、日顕上人の悦びはいかほどであったろうか。

果たせるかな翌年師僧は遷化《せんげ》（死去）。樋口さんは、弟弟子と共に教師養成特別講習を受講。住職のライセンスを取得。老躯に鞭打ち、信徒を教導、十年間を法華経を行ずる僧として、その責務を全うされたのである。

この間、私の寺に通い、読経、声明、法話、法式《ほっしき》作法など導師が身につけておかなければならないことを学ばれた。私の師父と生年を同じくする人を教導することは、恐縮の至りであった。

一本の優しさゆえに
あかあかと
陽は登りけり
あかあかとまた

報せを受けたのは、病院で握手をしてお別れしてから、二週間目の朝だった。遺言により私が導師をつとめ歎徳《たんどく》を奉じた。あなたの後を、七十一歳の篠崎顕成師が、その後を八十歳の小川顕修師が相続。法の燈をともし続けています。
樋口さん、雨に打たれる紫陽花を見るとあなたを思い出します。もうすぐ十七回忌です。

東洋の悲しそうな顔　関 光徳

朝日のあたる家をいでなば刺草《いらくさ》の辛きリングの涯なる夢よ

ジムのある大井町で御馳走になり、新橋の小料理屋に案内された。いま俺は少年時代憧れてやまなかったこの人と酒を酌み交わしている！

関光徳、一九四二（昭和十七）年一月、東京北区で生まれ、札幌で育つ。事業に失敗した父は、家族を連れて上京の途次、青函連絡船で消息を絶つ。母は五人の子と上京。民生保護を受け、母子寮に入寮。子供を養うため日雇いに出て働く。長男の関は、まだ九歳だった。

中学を卒業した関は、家族と別れ住み込みで働き、夜は定時制に通った。夢は、高校を卒業し就職、母を楽にしてやることであった。

昭和三十四年三月
いまはなき
水原弘が
歌うブルース

友達に誘われ新橋の新和拳に入門。五〇年代から六〇年代へ、テレビの普及とあいまってボクシングは黄金時代を迎えていた。十六歳でデビュー後二年半で二十四試合を戦い、世界フライ級王者、シャムの貴公子と謳われたポーン・キングピッチに挑戦。壮絶な減量で敗れ、バンタム、フェザーと階級を上げ、六二年東洋王座を獲得。長身のサウスポーからくりだす左ストレートは強烈で「名刀正宗」と呼ばれた。不安げにコーナに目を遣り、いつも眠たそうな顔をして戦っていた。客席の闇に関は誰を探そうとしていたのであろうか。

「お父さんですか」と私は聞いた。「昭和三十九年でした。電話で父の死を知り、引取りに行ったんです」。

決戦の時は来た。世界最強の王者「メキシコの赤い鷹」ビセンテ・サルディバルに挑むのだ。

エル・トレオ
闘牛場の四万の歓呼よ
眠たげな
顔を忘れず

一九六六年八月、試合はメキシコ市の高地でおこなわれた。

三回、関の左が顎《ジョー》に炸裂、ダウンを奪う。しかし判定は王者にあがる。関を観たいと願うメキシコの人々の夢が叶い、翌年再戦。だが、四度目の世界挑戦にも失敗。

一九六八年一月、ロンドンでの世界戦を最後に引退。戦績は六一勝（三五ＫＯ）一一敗一引分け。東洋王座防衛十二回。まだ二十六歳だった。引退後は畑山隆則、新井田豊の二人の世界王者を育成。二〇〇八年六月六日死去（六十六歳）。芝増上寺でお別れした。東京タワー落成五十年の夏である。時代は貧しかったが、若者は確かな手応えをもって明日を所有していた。

日本の夜と霧　大島渚

追憶はあじさいの海わたの雲　なみだ溢れて渚を濡らす

六月といえば紫陽花。一九六〇年代に青春を送った私に、紫陽花が、弔いの花となって久しい。

「ゼミへゆく」
微笑み母に告げしまま
六月十五日

帰らず永久《とわ》に

その日、東大生樺美智子は「ゼミへゆく」と言って家を出た。母に心配をかけないためだ。六〇（昭和三十五）年六月、日本近代史上最大の大衆運動となった日米安全保障条約改定阻止闘争は大詰めを迎え、連日国会は数万のデモ隊に包囲されていた。

十五日夕、国会南通用門前に集結した全学連主流のうち四千人が、国会突入を計る。棍棒を翳《かざ》した機動隊が襲いかかり数百名が負傷、女子大生が死亡した。

この年の歳晩、「恋と革命」に敗れ縊死した学生歌人岸上大作は、樺美智子（二十二歳）の遺影に向かい、「微笑には微笑かえさん許されてもし呵責なき位置をたもたば」と歌い、自らの死をもって、その微笑に応えようとした。

学生服壁に吊られて
紫陽花の
窓の向こうに
逝きしひとたち

雨に濡れる紫陽花を見ていると若き死者たちの顔が寄り添っているように思われてなら

ない。だが、生者と若き死者を結ぶ連帯の絆さえもが断ち切られ、風化して日が久しい。

彼女の死に逸速く映画作品をもって応えたのは大島渚（当時二十八歳）であった。闘う組織の権力と個々人の内幕を暴いた「日本の夜と霧」がそれである。だが、その年の十月九日に封切られ、社会党浅沼稲次郎が右翼少年山口二矢に刺殺され十二日、突如上映中止となる。大島は松竹映画に憤然として抗議、退社する。

映画は池袋人生座で上映。その後早大大隈講堂でも上映され、学生同士の「異議なし！」「ナンセンス！」の激しい応酬が忘れられない。以後「絞死刑」（六八年）、「愛のコリーダ」（七六年）、「戦場のメリークリスマス」（八三年）、「御法度」（九九年）に至る社会抑圧下の人間追求の姿勢は、世間のよく知るところである。

一九九一（平成三）年、私の半生を総括した大冊『絶叫、福島泰樹総集篇』（阿部出版）刊行祝賀会で発起人を代表しての大島さんの挨拶が忘れられない。私の歌集を読んでいてくれていたのか。微笑の美しい人でもあった。

蒼天　美空ひばり

窓硝子を叩きて落ちる滴りの涙ならねど雨の土曜日

想えば想われるのだ。ニッポン放送十時間番組「美空ひばり感動この一曲」の打ち合わせを控えた放送作家菊池豊と、ひばり宅同行の約束をして別れた。昭和が平成になった一九八九年三月の初めであった。

わが胸に灯す
あかりのくらぐらと

丘のホテルの
赤い灯何処《いずこ》

東京大空襲から数えて四年、最初に観た映画は「悲しき口笛」だった。「♪丘のホテルの　赤い灯も……」。この年、私は台東区立坂本小学校に入学している。次いで「東京キッド」「角兵衛獅子」「あの丘超えて」と、美空ひばり演じるみなし子孤児の境涯に小さな胸を熱くしたものである。それもそのはずだ、三百十万人もの日本人が戦争で死んでいる。俺たちは、たまたま戦争孤児にならないですんだだけのことであったのだ。

一生を孤児とし
生きてゆかんかな
東京キッドの
夢を忘れず

あの時代、孤児の悲しみを小さな体いっぱいに体現した美空ひばりは、父に死なれ母に死なれ、愛してやまなかった弟たちまでに早くに死なれ、孤児の境遇におかれてしまうのだ。

三月二十一日、十時間番組放送の日が来た。有楽町ニッポン放送スタジオ、私は、自宅で聴いてくれている美空ひばりに向って、彼女に献じた短歌を万感の想いをこめて絶叫し、こう語りかけた。

「あなたは時代の悲しみを否、太古以来の日本人の悲しみのすべてを、小さな体で体現してしまった。あなたは、紀記万葉以来の最大の歌姫です。美空ひばりを登場させるために、日本の歌謡の歴史はあったのです。ひばりさん、病気に負けないでください。越後獅子の姿、眼の奥に焼き付いています」

逆立ちをして
眺めればわが上を
寒く流れてゆく
春の河

この自宅からの生出演が、マスメディアでの生涯最後の仕事となった。私はその番組の末席を汚すこととなったのである。六月二十四日土曜日、東京は雨だった。その夜、居酒屋に集まった幼馴染みは、みな黙ったまま昭和通りに降る雨を眺めていた。あなたが逝き、長い昭和の歴史は畢《おわ》ったのである。

六月の死者　長澤延子

原口統三を読みしはやはり十七歳の絶望しそうな朝のエチュード

樺美智子、そしていま一人の若き六月の死者は……。長澤延子、一九三二（昭和七）年、群馬県桐生市に生れる。桐生は、三角屋根の工場がある絹織物の街。幼くして母を亡くし、伯父の家に養女に出される（十二歳）。この頃から詩を書き始める。

「紫の折鶴は／私の指の間から生れた／ボンヤリと曇つた秋を背中にうけて／暗い淋しい心が折鶴をつくる」に始まる「折鶴」は、すでに死を匂わせている。

わたくしがいない
明日《あした》も花は降り
電車は走って
いるのであろう

敗戦の翌年自死した一高生原口統三が書き遺した『二十歳のエチュード』を耽読、死の論理を先鋭化させてゆく。一九四八年四月、女学校は県立桐生女子高等学校と名称を変えた。延子は壁新聞「ホノホ」を創刊。原口と訣別、青年共産同盟に加盟。活動家として生きる道を選ぶ。

「星屑が音立てて／私の肩に降りかかる夜／私は冷たい予告の嵐にさいなまれ／裂傷の血を凍らせる」。「星屑」はこの頃（十六歳）の作。だが、死への欲求たちがたく一九四九（昭和二十四）年三月服毒、失敗。大学ノート三冊に詩を清書、友人に託す。その後死に至る手記を書き綴り、六月一日服毒、「白い船舶が青い波に美しすぎる／疲れた魂は海に抱かれて目を閉じる／出パンだ」。二百行もの長詩「紀行日誌」を書き終え、同時に絶命。

美しき生存なれば
通牒は

波に揉まれて
みえなくなりぬ

蹶然として戦後の蒼海に船出した詩人が、若者たちに迎えられる時がきた。遺稿集『友よ私が死んだからとて』（六八年・天声出版）は瞬く間に版を重ねた。「私は一本のわかい葦だ／傷つくかわりに闘いを知ったのだ」。彼女の詩がバリケードで戦う学生たちの心情（言葉）を代弁したのである。

二〇〇八（平成二〇）年、「江古田文学」六八号が長澤延子を特集。編集長中村文昭に命じられ、挽歌を書き上げた私は桐生へ直行した。墓に献じるためである。そして、東京吉祥寺の曼荼羅でのコンサートで絶叫した。深々と私は、言葉の力、言霊《ことだま》を体験していた。延子が来ているではないか。その経緯は、微笑する遺影を表紙にした『悲しみのエナジー』（三一書房）に綴った。言葉は死ぬことはない。私は、延子と出会ったのである。

精神の
ほまれのために自裁しよう
ひかり眩しい
惑いの午後か

父よ、沖に日は落ち　高柳重信

絶望の詩型であらば花ならば絶巓《ぜってん》、虹の蒼い向日葵

危険ナ前衛俳人！　胸ヲ病ミ、喀血シナガラ酒ヲ飲ミ続ケ、敗戦時日本刀デ……。そんなイメージを増殖させながら、デカダンスの心情色濃い、この多行分かち書きを私は、愛誦し続けてきた。高柳重信は悲愴な別れをたくさんしてきた人に違いない。

明日は
胸に咲く

血の華の
よひどれし
蕾かな　　　　　　重信

そうだ、機動隊とぶつかり合う時も、泥酔し路上に仰向けになった夜も、私の青春の無様さと共にこの詩はあった。

船焼き捨てし
船長は
泳ぐかな　　　　　重信

サルトルなど実存主義をテーマにした卒論で、船長の句の解明を試みた。句集『伯爵領』を手にした時は嬉しかった。奥付には「印刷者高柳年雄・昭和廿七年……」とある。限定百部は自ら活字で組んでの印刷で、私が学生時代求めた一番高価な本である。
その憧れの人と酒を酌み交わし、肩を組んで闊歩したのは一九七一（昭和四十六）年夏。氏は四十六歳、私は二十七歳だった。以後、何度か代々木上原のお宅にお邪魔した。瀟洒な家の書斎。煙草の脂で黄みがかった蔵書の背。中村苑子夫人が、舶来のウィスキーを卓に立ててくださるのだ。シングルグラスと水、すべてが端正で豊かだった。着流しの似合う氏は、いつもグラスを干す私に優しい微笑を投げかけてくれていた。

寺山修司を送った一九八三年五月、新宿京王プラザで、氏が編集に携わった「俳句研究」五十巻と氏の還暦を祝う会が開催された。吉岡実、高屋窓秋の友情溢れる挨拶が忘れられない。来賓の目も憚らずに、私たちは肩を組んで廊下を闊歩した。

七月八日、訃報に接し駆け付けた。肝硬変に拠る静脈瘤破裂。「よひどれし／蕾」が爆発したのだ。病身もいとわず「俳句評論」を立ち上げ、俳句文学自立のために粉骨砕身の四半世紀であった。

しづかに
　しづかに
耳朶色の
怒りの花よ　　　　重信

この句の揮毫を掛けた二畳ほどの「無聊庵」と名付けた庵室で、私はあなたの詩精神と共に日々を生きています。

反骨無頼の志　村上　護

故郷は遠くにありて或は亦、石もて追わると抒《の》べし男ら

六月三十日朝、知床の海を見下ろす樹林の一室、手にした新聞で村上護の死を知った。

新緑に眼ざぶざぶ洗うかな　　護

お宅に電話を入れ、日暮里の本行寺に急行、枕元でお経を読ませていただいた。眼鏡をとった顔は凛々しく、反骨の気迫を漂わせていた。本行寺は月見寺と呼ばれ、小林一茶な

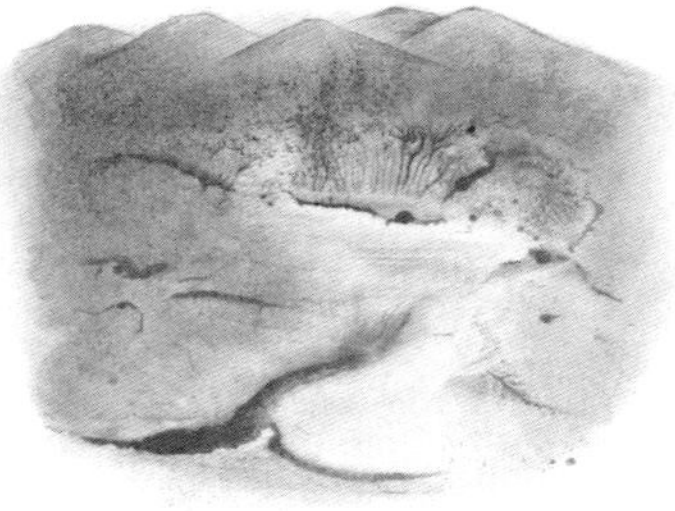

どの文人が往き来した。境内には、一茶や種田山頭火の句碑が立つ。

土くれとなりし万骨夏あざみ　　護

山頭火ブームの火付け役は村上さんだった。一九七二（昭和四十七）年『放浪の俳人山頭火』（東都書房）が刊行されるや、たちまちのうちにベストセラーに。続いて母フクと愛人長谷川泰子からの二冊の聞書（『私の上に降る雪は・わが子中原中也を語る』『ゆきてかへらぬ・中原中也との愛』）を講談社より刊行。その研究が与えた恩恵は計り知れない。

在りし日の茶色い写真黒揚羽　　護

そして氏は二十代から三十代へと靴底を減らしながら書き捲った。『聖なる無頼・坂口安吾の生涯』『文壇資料・四谷花園アパート』（以上、講談社）は、戦前から活躍した日本の近現代の作家やその関係者が、未だ存命の一九七〇年代の仕事である。真実の一行を書くため、日本の奥地を訪ね歩いた。その労苦の果ての山頭火、中也、安吾であり、青山二郎であったのだ。

野に在るを潔しとする雲の峰　　護

氏は、権威を嫌い在野に徹した綺麗な人であった。「文藝月光」（勉誠出版）を創刊したのは四年前。氏との対談が忘れられない。始終朗らかに私たちは飲み、かつ存分に語り合った。

『山頭火 名句観賞』『山頭火 漂泊の生涯』に次ぐ春陽堂からの三部作『山頭火 俳句の真髄』の恵送を受けたのは俳人没後七十年の二〇一〇（平成二十二）年秋。書き始めてから実に四十年、後書で氏は（自ら膵臓癌を患いながら）、山頭火の句業が、俳句史においても定着したことに涙している。

鯨幕身に入《し》む風の吹き曝し　　護

「生涯に一冊」と銘打った句集『其中つれづれ』（本阿弥書店）が最後の著作となった。反骨無頼の志を秘した含羞の六百句である。

緑陰や灰から拾う喉仏　　護

コーラとあの子の思い出　小山田咲子

十六歳わたし飛ばした紙ヒコーキ白いワイシャツあたって墜ちた

一九九七（平成九）年九月、北九州市で「第一回全国高校生詩歌コンクール」（実行委員長・山本茂）審査会が行われた。九州女子大が主催、全国の高校六千校に呼びかけての開催である。

審査は、俳句を黛まどか、秦夕美、短歌を安永蕗子、福島泰樹、詩を北川透、清水昶がそれぞれ担当した。長時間にわたる審査の結果、俳句は、

梯梧《デイゴ》よ咲けB29はもう来ない
の具志堅崇に、短歌は

黒板に書かれたことがすべてなら白いチョークをひとつ下さい
の樋口リカに最優秀賞が贈られた。千八百点もの作品の中で私が最も感動したのは、詩の最優秀賞となった福岡・嘉穂高校の小山田咲子の詩であった。

コーラのビンはいつも僕をちょっぴり切なくさせる
あの子の思い出は、ひんやりと冷たい、うすあおみどりいろ

これが高校一年生（十五歳）の文体か、と驚嘆した。「きゃらきゃら笑いながら／おもいよ！とかいってる声がかわいくて」。情景が見え、声まで聴こえてくる。

僕らは毎日いそがしくってだけど退屈で
どこにも行き場がなくて

やりたいことはいっぱいある気がするのに
なんにもやれなくってコーラを飲んだ。

青春の充足と豊饒と無為とが、これほど豊かに対立を孕みながら、やわらかく語られている詩を私は他に知らない。

「そしてある日突然、あの子は去っていった」

心底、この詩の作者に会いたいと思った。しかし、時は大急ぎで過ぎていった。

六年前の今頃だった。白い表紙の大きな本が送られてきた。表紙に「コーラとあの子の思い出」。詩と写真からなる豪華な詞華集《アンソロジー》だ。思えば思われるのだな、一人微笑した。弾む心を抑えて頁を捲った。

「鳥が舞う　港を探す／僕には戻れない港さ　戻らない港」

「僕」の文体の詩がやるせない。どうしたのだ、次の頁に、いきなり年譜だ。

「二〇〇〇年四月　早稲田大学第一文学部入学」俺の後輩ではないか。「二〇〇一年度早稲田学生文化賞受賞」。たくさんの賞に輝いている。毎年沖縄、そして南インド、スウェーデン、カナダと旅し、卒論は「沖縄県・祭祀」。よし、連絡してみよう……。両目が凍った。

「二〇〇五年九月二十九日（二十四歳と二ヵ月）アルゼンチン移動中」「大平原の中」「車が横転、永遠の眠りに」

そして、日本の夏　河本ツル子

切なさや漣のように襞《ひだ》をなし押し寄せてくる憶い出なるよ

空襲の記憶は私にはない。しかし、疎開先出雲での記憶の幾片かは鮮明である。

仄かな暗闇の中で、私は祖母の膝に腰をおろしている。どうやら此処は、寺の本堂であるらしい。この仕合わせな充足感はなんであろう。芽吹き始めた「私」という自我が、ゆったりと世界との交信を始めた頃の記憶だ。

私は庭を眺めている。仄かに暗いモノトーンの世界だ。真っ黒に湿った庭土の上で蜷局《とぐろ》を巻いているものを見ている。祖母に護られているということの安心感なのだろうか、悲

しみも傷みも不安感も恐怖も、なにも私は感じてはいない。私を支配している感情は、仏さまに抱かれているような充足感である。

「♪今は山中　今は浜／今は鉄橋渡るぞと／思う間も無くトンネルの／闇を……」。私は、窓の外にひろがる田畑に目をやりながら、祖母の膝の上で歌を唄っている。「ヤスキ、案山子《かかし》だよ」。祖母の指さす方を見ると、あかく黄ばんだ田畑の向こうを手を広げた案山子が走って行く。私は尋常小学校唱歌「汽車」を唄っていたのだ（明治の唱歌を祖母は、幼い父、戦死した叔父、末っ子の叔母、兄の耳元で唄い、いま私に教えてくれているのだ）。

私の前には二人の婦人が座り、やさしい笑顔で私をみつめている。そして私の歌声を褒め、あやしてくれているのだ。それは、私が初めて歌を唄い、祖母以外の人に初めてあまえた日の記憶である。人の心の温かさに包まれた有頂天で絶好調の私がいた。

過ぎ去ってゆく車窓の風景も、暗いトンネルも鉄橋も、客車の雰囲気さえもが六十八年もの歳月を経て、鮮明なのはどうしたことか。出雲から次の疎開先、尾道へ向かう車窓の一齣であろう。

一九四五（昭和二十）年、敗戦直後の人々の命運を背負い、汽車は晩秋の中国路を一路広島に直進していた。そしていま私は、一期一会をしみじみと噛みしめている。二歳の私にやさしい笑みをくれた婦人は、どのような戦後を生きてゆかれたのであろうか。私の頭を撫でてくれた車掌さんも、あの客車に同乗した人々の多くは、その人生をすでに終えられたことであろう。

夏！　原爆と敗戦。日本の夏は、追憶をさらに烈しくする季節であるのだ。

遺骨を抱いた
少女あらわれ消えてゆく
光の雨に
煙る停車場

駅舎に通じる鶯谷の坂（陸橋）は戦前のままだ。一九四三（昭和十八）年十月二十一日、「出陣学徒壮行会」、ざんざ降る雨の中、熱い涙で純白のブラウスを濡らした高等女学校生ッル子。四五年三月十日払暁、奄美沖で最期を遂げた海軍士官豊文、巡洋艦「高雄」と青春を共にした海軍機関兵曹英夫、内地で終戦を迎えた陸軍軍曹忠義。坂を上ってゆくセーラー服の叔母、萌葱《もえぎ》の軍曹の叔父たちの後ろ姿が見える。陸橋の下、朦々と黒煙を上げ列車が通過してゆく。過ぎ去ってゆく省線電車の向こう、地平線にゆっくりと夕日が沈もうとしている。

八月、母と焼跡　福島初江

一片の骨を砕いてコンクリートに絵を描いているちいさな指が

私の顔を、母は（右瞼を閉ざしたまま）おそろしく真剣な眼差で凝視したのだ。医師が来て脳溢血と診断した。片目で見たのは、右半身がすでに不随になっていたためである。母が、最後に目にした風景は、私であったのだ。

炸裂音、
あぶらが撒かれ火が走る

焼夷爆弾……！
三月十日

母初江が、東京下谷の感應寺に嫁いできたのは、一九四五（昭和二十）年三月九日。その夜、東京大空襲で母は、嫁入道具のすべてを焼失している。父は祖師像を抱き、母は赤飯の入ったお櫃《ひつ》を抱え、祖母は二歳の誕生日を間近にした私を背負って炎の中を逃げ惑った。

母の戦後は、焼跡の片付から始まる。瓦が幾重にも地表を覆い、黒焦げの樹木の根が地面に突き出す、焼夷弾の猛火が吹き荒れた不毛の荒野だ。来る日も来る日も母は、私の手を引いて焼跡に通った。

やわらかに陽は
さしているつちのうえ
母さんぼくの骨
どこですか

母の叫び声が聞こえる。白い塊を手に、剥き出しになったコンクリートの上で、私は無心に何かを書いていたのだ。「ヤスキ、ソレハ人サマノ骨ダヨ」。私が手にしていた白い欠片《かけら》は、蝋石ではなく炭化した人の骨であったのだ。この地上で、私が初めてものを書いた記憶である。

やがて焼跡にバラックが建ち、寺も復興した。育ち盛りの兄と左股関節を脱臼して生れ落ちた私と二人の継子を抱え、母もずいぶんと苦労したことだろう。

昭和二十四年三月
六歳の
わが毬栗《いがぐり》に
春の淡雪

番傘をさして産婆さんを迎えに行く若き父が見える。ガラス窓に顔を付けて父を見送る兄と私。東京に大雪が降る朝、妹が誕生した。母は実の子を得たのである。

その日から数えて五十年目の九九（平成十一）年八月、母は逝去した。気がついてみれば、周りに居た人々が姿を消している。終生尾道弁がぬけなかった祖母つよ、宗門行政に生涯を捧げた師父日陽、元海軍上等機関兵曹の叔父英夫、熱い涙をブラウスに注ぎ学徒出陣を見送った叔母ツル子。そうか、今度は彼らの夢を私が語り継ぐ番であるのだ。

死顔　吉村昭

膨大な記憶の川を流れ行く潰えて波に揉まれいる花

役僧を頼まれて大宮の式場にいた。静岡から住職は来ない。車の渋滞に巻き込まれたらしい。私が通夜の代役を務めた。「涙が流れた。弟の病苦も、この読経によっていやされ、死の安らぎの中に弟がいだかれるのを感じた」。この一節にふれ、胸を熱くすると同時に、弔いを司宰する者の責務の重大さを思い知らされていた。

一九八一（昭和五十六）年夏、作家吉村昭は、弟を喪った。若き日、肺結核の末期患者である自身を、親身に介護してくれた弟であった。半年余りを作家は病院の近くのホテル

に身を置き、肺癌の痛苦に喘ぐ弟に介護の手を尽くした。その経緯は、小説『冷たい夏、熱い夏』（新潮社）となり、読む人の心肝を震わせた。

根岸鍵屋
吉村昭と飲む酒は
あかるい笑みが
ただ溢れてた

ほどなく下谷の寺にお出で下さり、根岸の居酒屋「鍵屋」で盃を交わした。

作家の故郷日暮里は根岸を挟んだ隣町で、谷中の墓地や上野の山は共に幼少年時の遊び場であった。嬉々として私たちは、彰義隊の古戦場に遊んだ思い出を語り合った。以後、私の絶叫コンサートに何度も足を運んで下さった。

雑誌の対談で三鷹のお宅にお邪魔したのは、一九八六年六月。私は、『戦艦武蔵』など（吉村文学の基底をなす）事実を疎かにしない取材の徹底を語り、三百余篇中の珠玉とし『水の葬列』を挙げ、滅びゆく人々が裡に秘めた悲しみの深さを語った。会心の笑みが返ってきた。そして文学の出自として、若き日の死体験（病臥と空襲）を語られた。

生きるとは
敗者の悲しみ背負うこと
など言いてまた
盃を揚ぐ

初期のリリシズムを超脱し、戦争（震災）などのドキュメント、歴史小説へと多彩に世界を拡げていった根底に、下町ッ子の人情の機微（道理への義理堅さ）があることを忘れてはならない。明るい笑みを絶やさない人であった。

二〇〇六（平成十八）年十一月刊行の短編集『死顔』（新潮社）が最後の作品となった。夫との同志的愛を貫いた作家津村節子が、後記を綴り、死の数日前の日記が引かれている。「死はこんなにあっさり訊ねてくるものなのか」「ありがたいことだ」。そして遺作となった短編「死顔」に加筆できないことを心に残し、自ら死を決せられた。

上海ブルース　松井英夫

思い出す姿はいつも軍帽をはすかいにして通り過ぎにき

一九四六（昭和二十一）年夏、叔父がシンガポールから復員した。半ズボンにゲートル、毛布を背負って敬礼する叔父を万歳で迎える若き父母。私を抱き上げる日焼けした顔、叔父英夫の最初の記憶である。

灼けつくほどに
地上はしろく

影黒き叔父よ挙手して
突ったっていろ

焼跡にバラックが建ち、疎開先から人々は戻ってきた。空はどこまでも青く、瓦礫の山に陽は燦々と降り注いでいた。そんなある日、空を見上げるとギンヤンマの大軍が（お化け煙突のある千住の空へ）北上してゆく。叔父は竹棹をもって走った。後を追って私も走った。墓地の上空、叔父は竹棹を振るい、何機かを撃墜した。私の幼い掌の上に翼を折られた美しいヤンマ（機体）が震えていた。

やがて叔母は広島に嫁ぎ、戦地から帰還した叔父たちは、世帯をもち寺から離れていった。祖母は庭で畑仕事に精を出し、母は買い出しに出かけた。食糧難の時代であった。

叔父が唄う
上海ブルース
満州の夢の四馬路《スマロ》や
赤い灯いづこ

施餓鬼や御会式《おえしき》というと叔父たちが手伝いに来た。唐紙や障子をはずし、箪笥をどかしたりの大わらわである。参詣の人々が帰り、後片づけが終わると宴会だ。「♪涙ぐんでる上海の……」。口三味線の巧みな伴奏、叔父たちは掛け合いで、ディック・ミネを真似て「上海ブルース」を唄った。涙に濡れた上海の灯、リラの花降る宵を、内地で別れた君を思い出すという曲だ。それが兵役の日々、密かに口ずさんだ青春の歌であった。

重巡洋艦「高雄」で終戦を迎えた英夫叔父さんは、（日米開戦前の）寄港先でのロマン（至福の時）を語った。花を抱く白い軍服が見える。

巡洋艦高雄
自沈し
いくばくぞ
大島江東病院の灯よ！

パパの居ない夏　赤塚不二夫

霧の向こうをシェーして別れゆきたるは赤塚不二夫でないか蜩《ひぐらし》

たこ八郎が逝き、新宿路地裏の彼のアパートに集まった。人気絶頂のコメディアンでありながら、何一つ所有しようとはしなかった。木造二階の六畳間には小さな冷蔵庫があるだけだった。卓袱台にのせた位牌に私がお経をあげ、宴会となった。座の中心はTシャツ半ズボンの赤塚不二夫さんだった。

酒が回り、この夏逝った人々の話に悲しみの花を咲かせていた。

たこ八郎に次いで、坂本九が日航機墜落事故で急死。天地茂もこの夏だった。九月十一

日には、夏目雅子が。この人のどこか寂しげな笑顔をみていると、私はなぜか、子供の頃聴いたラジオドラマ「三太物語」の、東京から赴任してきた若き女教師花荻先生を思い出すのだ。

十九日には「雨に咲く花」の歌手井上ひろしが、まだ四十四歳だった。数日後、時代劇スター大友柳太朗が自宅マンションの屋上に駆け上がり、「死の大川」に身を投げ、私を悲しくさせた。

片目片腕
丹下左膳が怪刀をくわえ
死の大川を
泳いでゆけり

歌手で詩人の友川かずきと中落合の赤塚さん宅にお邪魔し、銭湯へ繰り出し酒を飲んだ。若く美しい眞知子夫人はかいがいしく働き、赤塚さんの傍らには愛猫菊千代が万歳をして眠っていた。私たちはバカを言っては笑い合った。此処は「天才バカボン」のパパの家なのである。この人といると大きな存在に抱かれているような寛ぎを覚えた。

旧満州（中国東北部）で生まれた赤塚さんは、幼少年時代より父弟妹との別離など人生の辛酸を知り尽くしてきた。中学を終えると看板屋に勤め、上京後は工場で働きながら漫画を投稿、プロへの夢を見事稔らせた。

晩年は視覚聴覚障害の子供たちのため点字の漫画絵本を刊行、全国の特別支援学校に寄贈した。

波打って
いるのだろうか
空もまた渚に散った
夢の数々

酒も煙草もやめなかった。二〇〇二（平成十四）年春、脳内出血で倒れ入院、すべての活動を停止した。翌年、夫人の尽力で青梅市に「赤塚不二夫会館」が設立された。夫人の献身は続いた。だが二〇〇六年七月、くも膜下出血で急逝。二年後の八月、赤塚さんは意識不明のまま死去した、七十二歳になっていた。パパの居ない夏が、また終わろうとしている。

見果てぬ夢　伊藤拾郎

老ハーモニカ奏者奏でよ　蒼穹のみ空にのぼりゆきにし妻よ

一九八六（昭和六十一）年十月、「中原中也没後五十年祭」（山口市主催）で中也絶叫コンサートに出演した私は翌朝、高田公園の詩碑の前で「帰郷」を朗読。続いてハーモニカ奏者伊藤拾郎が「朝の歌」（作曲岡田昌大）を吹奏した。

中原中也実弟
拾郎氏吹く「朝の歌」

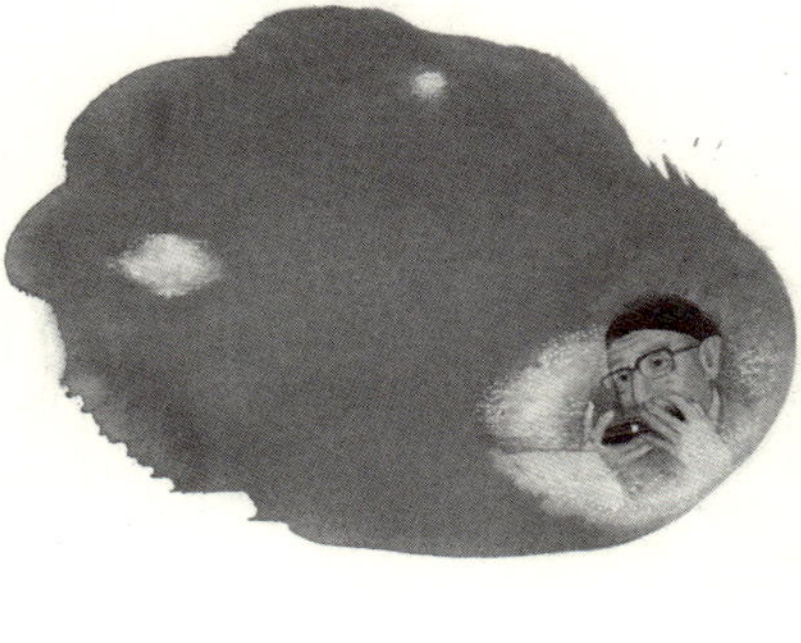

ひかりの雨が
降り初めしかも

伊藤拾郎、一九一八（大正七）年二月、山口市湯田に生まれる。長兄は、詩人中原中也。兄たちが吹く音色に魅せられ、ハーモニカに熱中。一九三六（昭和十一）年春、早稲田大学に入学。演奏で大隈講堂を沸かせ、プロの道を目指すが断念、やがて召集。九死に一生を得、南鳥島から復員。伊藤家と養子縁組、喜久子夫人との戦後が始まる。

勤務のため各地を転々としながらも、ハーモニカの練習は欠かさなかった。だが、同時に、その懊悩は激しく、止めようと思い、何度か、海に捨てに行った。その努力が稔り、八五年「国際ハーモニカテープコンテスト」で優勝。恩師佐藤秀廊の激賞を受ける。

私との最初の演奏は、一九九一年五月、東京赤坂のスタジオ、『福島泰樹短歌絶叫／中原中也』（東芝ＥＭＩ）にハーモニカ出演、「朝の歌」を収録。九二年春、私の絶叫コンサート（渋谷ジァン・ジァン）にゲストで出演。昼の部、夜の部と三時間を独奏、私の出番を無くした。

秋になって私は初リサイタル（伊藤拾郎ハーモニカコンサート「兄・中原中也に捧げる」渋谷ジァン・ジァン）をプロデュース。演奏は話題を呼び、布施明のミュージカル「42丁目のキングダム」（新宿シアター・アプル）に、父役の老ハーモニカ吹きで長期出演が決定。

九三年二月、七十五歳の誕生日を舞台の上で迎えた。

少年時代からの夢を貫徹したあなたに、花束を贈る浅茅陽子、岩崎良美ら華やかな女優達。大観衆の拍手におどけてみせるベレー帽のあなた、舞台の袖で涙を拭う和服姿の喜久子さんが見える。子供のいない二人は、いつも一緒だった。


二〇〇三（平成十五）年二月、夫人の訃報に接し山口へ飛んだ。

「喜久子、喜久子。このみ空の美しさを共に讃えよう。高い高い真っ青な空にのぼってゆこう」。告別式の終わりに、八十五歳のあなたはそう挨拶し、人々の涙を誘った。そして、三週間後、私は再び山口へ飛んだ。

式場には、私が制作したハーモニカＣＤ「雪の宵」（月光の会）が流れていた。何度も何度も上京してもらった。私たちの最後のステージは二十世紀最後の渋谷ジァン・ジァン。あなたは、ミュージカル「ラ・マンチャの男」の主題歌「見果てぬ夢」を熱奏、私は中也の詩「夏は青い空に」を絶叫した。「ああ、神様、これがすべてでございます」「心のまゝにうたへる心こそ」。そう、これがあなたの願ったすべてであった。

忘れないぞ、俺の相棒！

わがからんどりえ　小中英之

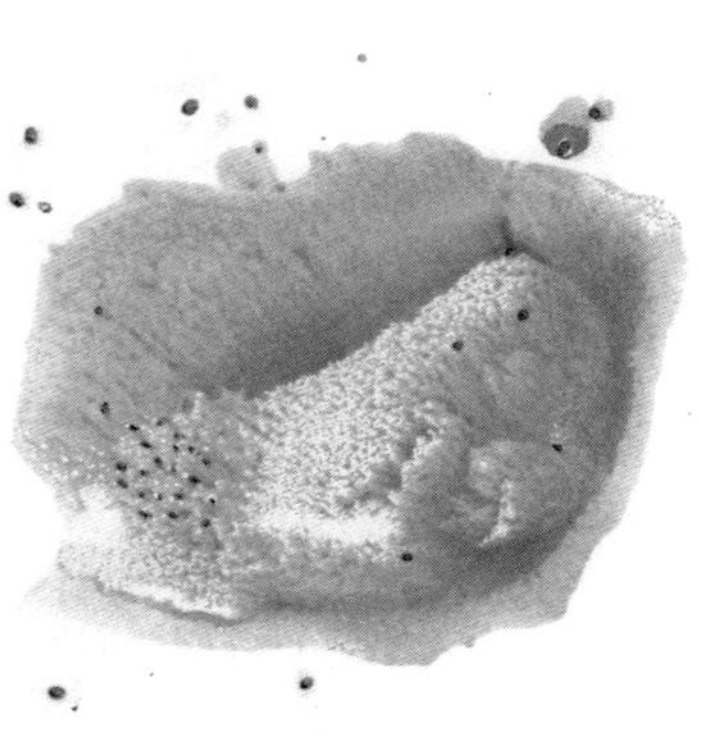

ガラス戸に凍てし笑いが振り向けば降る一月の雨　白い馬

この夏、『もっと電車よ、まじめに走れ　わが短歌史』（角川学芸出版）を刊行した。中に、忘れられない男が居る。

こよい記憶に雪となりつつ町のあり悲哀といぅを漂わせつつ

小中英之と出会ったのは、私の処女歌集が刊行された一九六九（昭和四十四）年秋。定職はもたず、何匹かの犬と居を共にしていた。黒い革ジャン、いつも手ぶらだった。人形劇団に所属、銀巴里でシャンソンを歌っていたらしい。幼少年時代を小樽や釧路で過ごした。北への渇仰はそのためか。

下谷や新宿を火がついたように飲み歩いた。肺結核を患った君は、いつも顔を火照らせ、もの狂おしくビールを呷った。英之三十二歳、私は二十六歳だった。

一九七〇年五月、早稲田の先輩歌人小野茂樹が事故死した。銀座三原橋のバー「Virgo」、小中と別れた直後であつた。

押しかけ兄貴の小中が、この夜を境に泣きの小中と転じた。笑ってグラスを傾けていたかと思うも、涙を滴らせているのである。私は何度、肩を抱き、そんなに自分を責めるんじゃあないよと叱ったことか。

身辺をととのへゆかな春なれば手紙ひとたば草上に燃す

この歌を読んで、死を病に委ねたのだな、と私は安堵の胸を撫で下ろした。

四十一歳になって君は、ようやく処女歌集『わがからんどりえ』（角川新鋭歌人叢書）を刊行。小野茂樹に献じた。カランドリエはフランス語で、暦の意。

君は東京を離れ、やがて会うことも少なくなる。魂に含羞を秘め、その含羞のみなもとを大事にした男は、生涯を独身で通した。

われはわれをこばまむとして桑の実の黒きかがやきほろぶ曇天

集中の絶唱である。以後一九八一年に第二歌集『翼鏡』、二〇〇三（平成十五）年三月、第三（遺）歌集『過客』が刊行される。自身の死を望見した一首がある。

「いづこよりいかに落ちたるわれならん柘榴散らばるうへに死にをり」。玄関に転げ落ちての死（六十三歳）であった。

没後十年に当たる一昨年『小中英之全歌集』（以上、砂小屋書房）が刊行され、この秋、十三回忌を迎える。この夏まであった銀座三原橋のバー「Virgo」の建物も無くなってしまった。

さらば、青春の無聊を分かち合った友よ！

死はやがて
あまたの生をのみこんで
硝子戸越しに
手を振っておる

パンセ、一茎の葦　松浪信三郎

鯖のごとくカブト光れり　われ叛逆すゆえにわれあれ存在理由《レゾンデートル》

学生時代、私の夢は教師になることだった。だから、駿河台予備学校で小論文の講師の委嘱を受けた時は嬉しかった。私語を交わす者はいない。私は、試合を控えたボクサーのように孤絶し、精進する、彼らに感動していた。私は早大学費学館闘争の体験を語り、自己の青春を語った。目を輝かせて、雑談に耳を傾けてくれる彼らがいた。

人はみな

淋しく揺れる
一本の蘆にしあれど
震えてやまぬ

そうだ、パスカルの『瞑想録《パンセ》』の「考える葦」を話してやろう。なぜか手元になく、書店に駆け込み一冊を手にした。サルトル『存在と無』の翻訳者で知られる松浪信三郎訳ではないか。私が先生のゼミ「実存主義研究」を受講したのは、東京オリンピックの年、一九六四(昭和三十九)年だ。小粋な帽子の伊達男だったが、小肥りでどこかデカルトを想わせる風貌がもの哀しかった。

『パンセ』を手に私は語った。「人間は自然のうちで最も弱い一茎の葦にしかすぎない。しかしそれは考える葦である」。真剣に私を凝視する彼らに向って、一気に語りかけていた。君が存在するから、世界は存在するのだよ。この広大な宇宙の、星も月も、夜も昼も、風も水も、木も花も、父も母も、いま君が握っている一本の鉛筆も、君が腰かけている椅子や机も、君がこれまで出会ってきた人々も、みな、君が存在し、君が見、君が知覚し、君が認識することで存在するのだ。

解るだろう諸君、君の存在が世界を存在させているのだ。諸君、若き「考える葦」たちよ！　そこからもう一度、自分を、世界を見つめ直してみよう！

いつまでも予備校で教鞭をとっていたかった。ひたむきな彼らがかわいかった。卒業後、学園祭で私の絶叫コンサートを企画してくれたりもした。しかし、檀家の葬式と重なり何度か休校した。大学なら許されても、此処は真剣勝負の場であるのだ。お茶ノ水校、八王子校に嬉々として通った夢のような数年間であった。

滅びゆくものはあかるく
崩れ落ちよ条理、
血しぶき
ゆうぐれはくる

あれから二十年、多難な人生が彼らを待ち受けていたことであろう。戦い終わって日が暮れて松浪先生も、ハイデッガーの佐藤慶二先生も、宗教学の仁戸田六三郎先生も、最も若かった小山宙丸先生も幽明界を異にされてしまった。西洋哲学科の学友たちも、ばたばた斃れていった。

先生、哲学でパンは焼けましたか。

戦没学生の手記　木村久夫

蜜を吸い花びら残さず食べてくれむなしき軀《むくろ》にあらずよ鳥よ

六大学野球早慶戦（神宮球場）が終わると、早稲田の学生は新宿へ繰り出し、肩を組み腕を振り上げ、応援歌「紺碧の空」など、夜更けまで歌い興じるのである。

その夜、私は学友大平茂樹と共にビヤホールで気炎をあげていた。やがて歌声がやみ、私たちは同じテーブルに居合わせた婦人と語り合っていた。多分、ビールを御馳走してくれたのだろう。

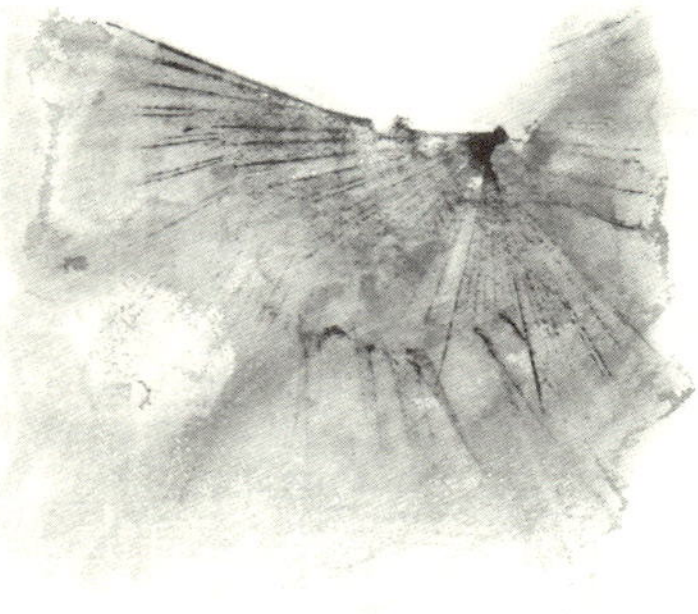

漂いて
揉まれ渦巻き沈みゆく
あかい花なら
その名はいわず

別れの挨拶をする私たちに、婦人は静かに微笑しながら、こんな言葉を返してきた。
「アインマール（イスト）カインマール」
「Einmal Ist Kinmal」、一度は数のうちではない、ということか。ならばなぜに「Wiedersehen!（またお会いしましょう）」と言ってはくれなかったのだろう。
婦人に、「また」とか「再び」の言葉はなかったのかもしれない。「アインマール・カインマール」、この謎に満ちた言葉の中に、婦人は、その日その場にいる理由のすべてを語っていたのであろう。もしかすると婦人は、学徒出陣で大空の彼方へ散っていった若き日の恋人を（学生の歌声の中で）偲んでいたのかもしれない。
二つに裂いた
柘榴のように実を散らし
血を滴らせ

飛び征きにけり

早慶戦の夜から五十年、あの謎の言葉を唇にのせると、戦没学生の若き声が聞こえてくる。「明日ハ自由主義者が一人この世から去つてゆきます」と記し、沖縄へ飛び立って行った特攻兵士上原良司。わけても忘れられないのは、シンガポールで上官の罪を背負わされた木村久夫が、敗戦後の日本に寄せる熱い想いだ。そして、処刑前の残された時間の中で、こう「生」を実感してみせるのである。

「口に含んだ一匙の飯が何とも言い得ない刺激を舌に与え、溶けるがごとく咽から胃へと降りて行く感触を、目を閉じてジッと味わう時、この現世の千万無量の複雑なる内容が、凡《すべ》てこの一つの感覚の中にこめられている」(『きけわだつみのこえ』岩波文庫)

一念三千の哲理である。若き命が書き遺した言葉を忘れてはならない。

藁のようにではない
震えながらに死んでゆく
冬の落首の壁を
思いき

小沢昭一的こころ　小沢昭一

嗚呼！　そして其の人もしや落魄の　老いし怪盗ルパンでないか

憧れの人小沢昭一に会ったのは、一九八六年の秋風が吹き始めた、ちょうど今頃。場所は、湯島の切通しの居酒屋「シンスケ」の小座敷。当時、私は「一心Ｔａｓｕｋｅ」という雑誌で毎月、連載インタビューを担当していた。

東京市民の
その窮屈な美意識の

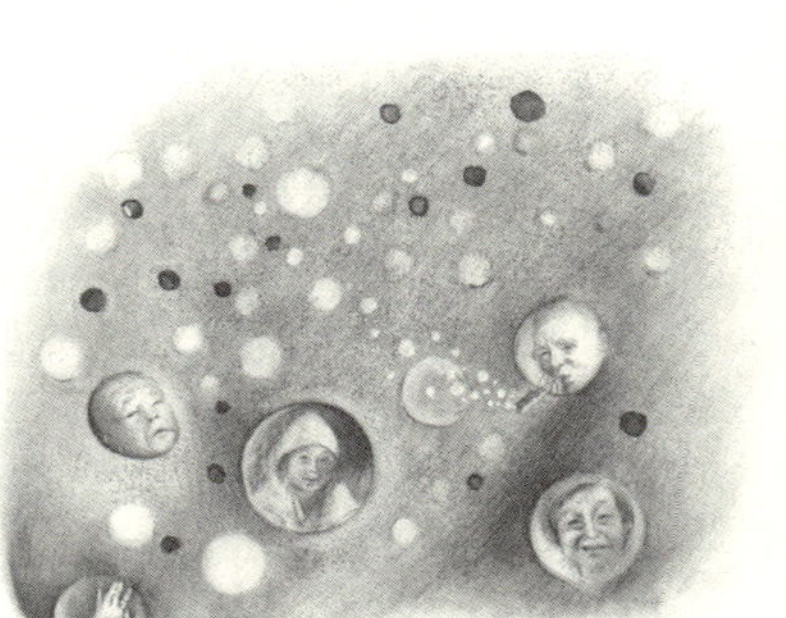

此処は下谷區
御府内なるぞ

生国を聞かれ、「東京下谷です」と応えると同時だった。氏の目玉がぴかりっと光った。「福島さんは御府内（東京市内）、ワタシャ小さな川ひとつ隔てて東京府下ですよ」

氏が生まれた一九二九（昭和四）年当時、東京市は十五区に区分けされ、十五区以外は府下であった。小さな用水（音無川）が、下谷区根岸と北豊島郡日暮里との境であった。氏は、東京市民として誕生した私を大変羨ましがり、新開地蒲田へ移ってからの幼少年時の思い出を滔々《とうとう》として語ってくれた。

「なにしろ撮影所があり、映画館、寄席、サーカス。カフェーからはジャズが流れ……。東京音頭が爆発的に流行り、唄いますとやんやの喝采。五歳のアッシは、うけるツボを知りやした」。江戸言葉が耳に心地よい。万能芸人小沢昭一の誕生であった。

戦時下の麻布中学時代は、浅草の寄席に通い、海軍兵学校で終戦。戦後は早大仏文科に入学、演劇に熱中。寄席演芸研究の正岡容《いるる》に弟子入り、俳優座養成所に加えてアルバイトと、超人的スケジュールの学生生活を終え、映画俳優、芝居の道へと進出してゆく。

その間のエピソードを、十三年目を迎えたラジオ番組「小沢昭一の小沢昭一的こころ」の口調で語り、私の短歌絶叫コンサートにも、非常な興味を示してくれた。

氏が全国を駆け巡り収集録音したドキュメント『日本の放浪芸』シリーズの歴史的意義を私は絶讃した。滅びゆく民衆芸能の保存と音源収集は国がやらなければならない仕事なのだ。

別れ際、変相写真満載の大判『背中でしゃべったモノローグ』（学研）を下さる。扉には、毛筆で「謹呈／福島泰樹様／小沢昭一」とある。出がけに書かれたのか。

氏は脂乗りきる五十七歳、私は短歌絶頂の四十三歳だった。

木馬館の
角を曲がりてゆきしかな
霧降る夜の伊達男
はや

最後にお会いしたのは、浅草木馬亭。師匠想いの女流浪曲師玉川奈々福が、玉川福太郎のために企画した「天保水滸伝」にゲスト出演。相模太郎が得意とした「灰神楽三太郎」の名調子を聴かせてくれた。

かぶりつきに陣取った私の「日本一！」の掛け声に、濃艶なウインクを返してくれた。

「文徒」と名のった男　飯田貴司

紅灯のさむく震えて消える朝「慶大ブント」飯田貴司死す

闇雲に新宿を飲み歩いた時代があった。歌舞伎町の文壇バー「アンダンテ」の扉を開けた途端だった。「二日酔いの無念極まるぼくのためもっと電車よ　まじめに走れ」と、私の処女歌集中の一首を、大声で浴びせてくる奴がいる。見れば、坊ちゃん刈りが似合いそうな丸顔の美男子。

機動隊

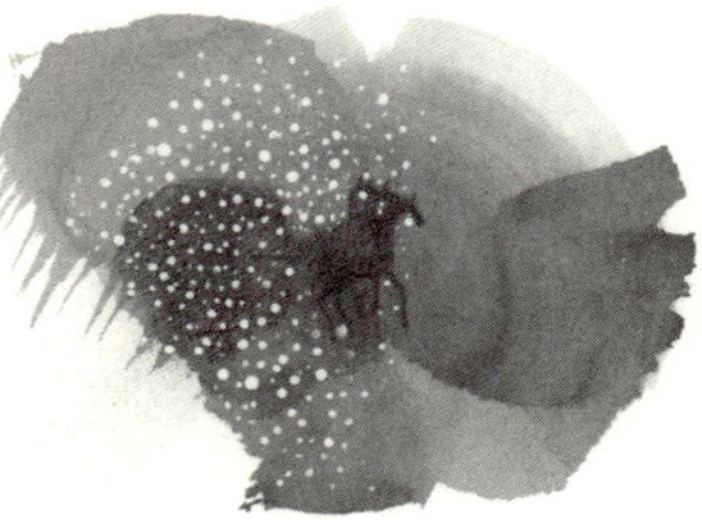

去りたるのちになお握る
この石凍てし
路面を叩く

やおら彼は、「慶大ブント飯田貴司」と名のりをあげた。ブントといえば、六〇年安保闘争で全学連を指導した共産主義者同盟のことか。

突如彼は「勘太郎月夜歌」を唄い始めた。「♪形《なり》はやくざに　やつれていても……」その歌声から私は、志高く生きた男の一種ディスペアな心情を嗅ぎ取っていた。

私たちは会えば飲み、飲めば唄った。彼の「さすらひの唄」（北原白秋作詞・中山晋平作曲）は、わけても逸品だった。

「♪燃ゆる思ひを荒野《あれの》にさらし／馬は氷の上を踏む」

歌は、人々の叶わなかった夢を一瞬のうちに呼び寄せ、その時代の人々との悲しみの連帯を可能にしてくれるのだ。

あれは、立松和平が「文藝」に発表した「春雷」が芥川賞候補となり、河出書房新社の応接間で発表を待っている晩であった。パイプを手に悠然と部屋に入って来た男に、私は「飯田さん、なんで此処にいるの？」と質問していた。迂闊にも私は、彼が森敦『月山』を手がけた河出書房の編集者であることを知らずに付き合っていたのだ。

家は丸紅飯田につながる旧家で、御曹司の彼は、慶應義塾普通部から高等部を経、商学部に進み、安保闘争では国会に突入した。「慶大ブント」と自称する所以である。卒業後はヨーロッパに留学。鎌倉の自宅で田村隆一らと毎春繰り広げる花の宴はつとに有名であった。

鎌倉の二階堂にぞ
降る雨は
憂愁ふかく
血を濡らしけり

「高橋和巳コレクション」全十巻の件で、私を訪ねてきたことがあった。初めてしんみりした彼に接した。孤独の胸に火の暗澹を抱えていたのだ。一九九九年、『福島泰樹全歌集』(河出書房新社)出版記念会の司会をつとめてくれた。その翌年、定年を迎え、神田神保町のビヤホール「ランチョン」で励ます会が開催され、三次会で古井由吉と三人、入り乱れて唄ったのが最後となった。

二〇〇一(平成十三)年三月、食道癌で死去。生涯独身、自ら「酔心院釈文徒」と称していた。誰からも好かれた男だった。

医師と死命

秋山 洋

火群《ほむら》なす命脈《いのち》の秋をしかすがに天に慚《は》じずに生きてゆくには

師父福島日陽が、食道癌を宣告されたのは、一九七三（昭和四十八）年五月。余命は三カ月、泣きながら母は電話でそう告げてきた。当時私は地方の小寺で、本堂再建工事の直中にいた。

赤羽末吉三益愛子も
死ににけり

明治四十三年
悠《とお》し

父は戦前から法華宗宗務院に奉職、毎日事務所に通っていた。七十キロもあった体重はみるみる痩せていった。死を悟った父は、事後整理のため宗務院へ通い続け、虎の門病院消化器外科の、秋山洋先生の診察を受けたのは七月になってからであった。

東大病院放射線科でのコバルト治療が始まった。

大動脈と患部とが癒着しているから、手術は困難というのが放射線科の所見であった。二十数回の照射を経て八月中旬、虎の門病院に入院、手術にそなえての診断が始まった。

手術の日がきた。病室には剃刀で綺麗に頭を剃った父が微笑していた。

「案ずることはない。お祖師（日蓮）さまが、まだこの日陽に、仕事をお与えになられるのであれば、私は生きて帰るであろう。もうこの世での御奉公の必要がないと仰せなら、目を瞑って帰ってくる」

そう言い残して手術室に運ばれていった。手術は延々九時間に及んだ。秋山先生は、血の引いた顔で、手術の経過を話してくれた。

「開いた時はそのまま蓋をしてもよいような、状態でした。転移している癌もすべて除去しました」

危険な手術は成功し、以後父は八年もの寿命を賜った。この間、宗務総長の任期を全う、大本山光長寺の貫首に就任。法華経にある師と命の尊さを説き続け、秋山医師への恩を忘れることはなかった。

虎の門病院を出て
桜田に
踏み入りにけり
さびしきや酒

以後、先生は食道癌手術の世界的権威として、常に患者の側に立ち治療実績をあげてゆかれた。テレビ番組で父と談笑、難手術の経緯を語られたこともあった。体から優しさと厳しさが滲みでている人であった。「明るく親切」をモットーに虎の門病院院長をつとめ、国際的にも医療の前進に貢献した。

二〇一二年九月十九日逝去。八十一歳であった。医学の尊さと、死命を司る医師の責務を思い、使命に殉じた秋山先生の精神の気高さを思った。

体と言葉のレッスン　竹内敏晴

さなりさなりさびしき風よひゅうひゅうと螺旋階段状に吹きあれ

追憶の中のその人は、麻の白いインド風の服を召され、静かに微笑しておられる。

体内に
真水は溢れ
幼年の瓶は砕けて
水浸しなる

眼差の奥にある深い憂愁を思った。お会いしたのは二〇〇四（平成十六）年の夏、東京荻窪にあるスタジオ。私は、「からだとことばのレッスン〈うたの始まる時〉」と題するワークショップに招かれていたのだ。

実演（短歌絶叫コンサート）の後、主宰者との対談となった。会場には三十人ほどの軽装の男女が耳をそばだてている。主宰者への尊敬の想いがびしびし伝わってくる。

竹内敏晴、一九二五（大正十四）年、東京に生まれ、旧制一高在学中に敗戦を迎える。私は、これほど言葉の真実をつきとめようとして、苦悩し格闘し、その若き日の痛苦から、言葉の在りようを真摯に伝達しようとした人を知らない。

一九七五（昭和五十）年に「思想の科学」から刊行された『ことばが劈《ひら》かれるとき』（ちくま文庫所収）に、その壮絶な体験が描かれている。

幼年時から耳を患い、旧制中学時代を「私はほとんど完全なツンボ」であったと、告白する。外部世界（他者）とのコミュニケーションが成り立たない自閉の世界は、恐怖としての「自非」であった。

言葉を持たないことは、自身の考えをもたないことを意味し、内部の感動があったとしても、それを見定めることさえできない。「心の中でことばを見出しても、それを発音したとき」、相手に「届いたかどうか判断できない」のである。

一高の入試にパスしたのは、当時の教育が「暗記と応用」で事足りたからである。

十七歳になって耳が聞こえてくる。それはまた苦行の始まりであった。敗戦による死の想念からの解放。言葉の追求は、演出家としての道を歩ませる。東大卒業後、劇団ぶどうの会、代々木小劇場を経て一九七二年、竹内演劇研究所を設立。言葉と肉体と心、声のレッスンが開始されるのだ。

ありあまる
いのちの声のあかるくば
梢よさむく
顫《ふる》えていよう

主宰者を囲み「どこかで春が」（百田宗治作詞・草川信作曲）を歌う、体と言葉のレッスンが始まった。私はこれほど満ち足りた人々の表情を見たことがない。竹内敏晴、この時七十九歳。

内部の人間　秋山 駿

放下し続けてゆく精神のかなしけれ午後には霧となりて雪崩れる

昭和一桁世代の人々がばたばたと斃れてゆく。戦争の時代が青春（思春）期と重なった世代だ。男子の多くは、徴兵（徴用）に遭い、志願兵として大空に散っていった少年も多くいた。

人間の条理不条理
吹き荒ぶ

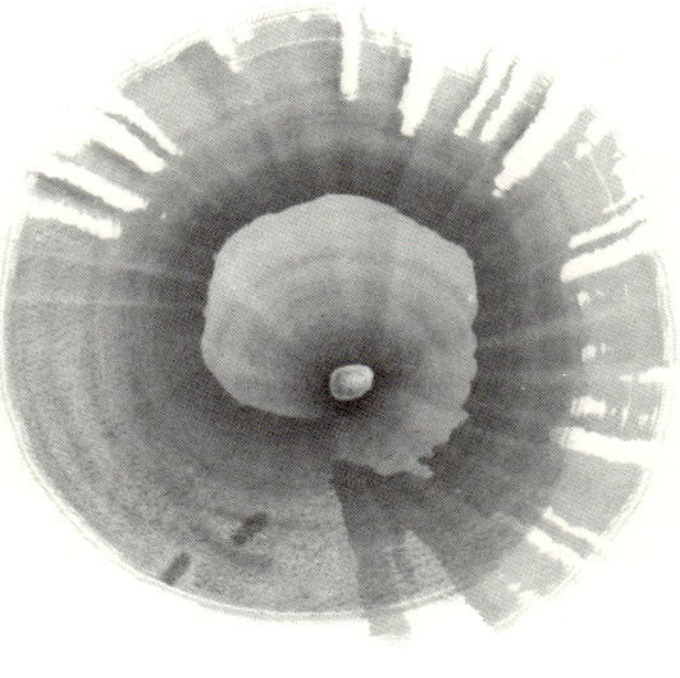

風ありしかば
悲し弟

時代に引き裂かれてゆく、人間内部の条理と不条理、出征する兄たちを見送った弟たちの世代を代表する文芸評論家が、磯田光一であり秋山駿であった（磯田さんは、凛とした青年将校風であったが、秋山さんは、どこか特攻崩れ風であった）。

秋山駿の文学的出自は中原中也であった。「敗戦時の少年」であった氏は、自身のこころの穴（内部の人間）を覗き込むように、中原の詩を探索。詩が立ち上がる、その実存の解明にいのちを注ぎ、四半世紀もの歳月をかけて、『知れざる炎　評伝中原中也』（河出書房新社）を完結させた。この驚異的思考の持続性こそが、路傍で拾った石ころを机上に、何年間もの孤独な対話を続けたという、伝説をもつ作家の真骨頂である。

「早稲田文学」の先輩として若き日に出会い、酒席の末席を汚した私に、この人と同じ演壇に立つ機会が訪れた。一九九八年十月、鎌倉文学館が「中原中也・文学講演と朗読の夕べ」を主催し、秋山さんの講演の後、私は「中也絶叫コンサート」のステージに立ったのである。

鎌倉中央公民館ホールは満杯で、その最前列に秋山さんは座り、後に「刺激のある舞台芸術」と評してくれた。

生涯を
ひばりヶ丘の
低層の団地に住まう
「石の思想」家

社会的無用の真実性「内部の人間」の探索は、小松川女子学生殺人事件（一九五八年）の少年に至り、評論「想像する自由」が、三島由紀夫からの激賞を得（三十三歳）、文芸評論家の地歩を固める。この死刑に処せられた少年の内部へのこだわりは、連続射殺犯永山則夫の手記に連繋《れんけい》してゆく。

一九九六年刊行の『信長』（新潮社）がベストセラーに。生涯を、ひばりヶ丘（西東京市）の団地に住まう市井の人として過ごした。二〇一三年十月二日死去、八十三歳だった。

私の中の私と語らう『舗石の思想』（講談社文庫）の活字の道端に、べらんめえ口調の秋山さんが寛いでいる。

慈悲は森羅万象に及び　埴谷雄高

こみあげてくる沈黙という譬喩の的確ならば顔上げて享《う》く

新宿二丁目旧赤線地帯の一郭に、もの書きが集まるバー「詩歌句」はあった。若かった私の論争の場でもあった。

思想ゆえに
死したる者ら集まりて
決起をせぬか

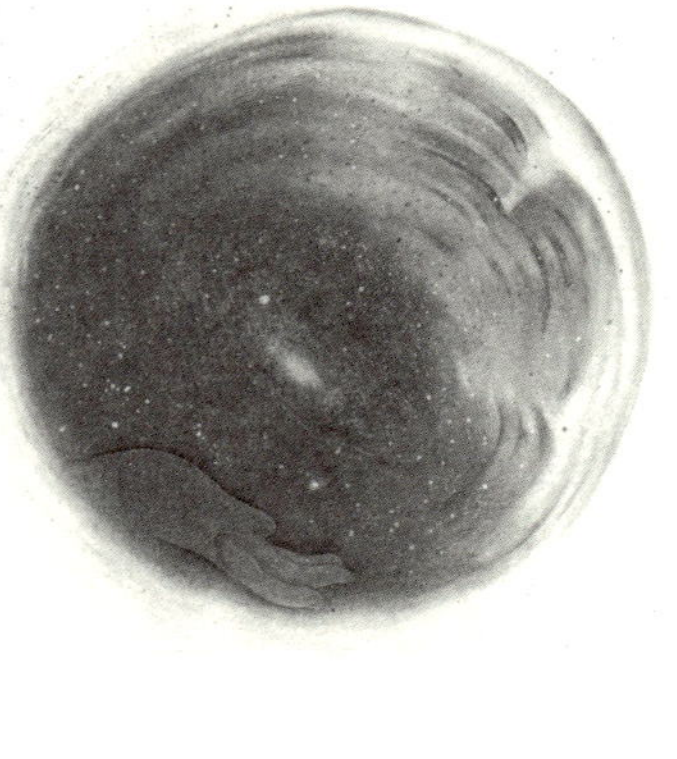

茜濃き闇よ

黒い外套に身を裹《つつ》んだ痩身、埴谷雄高ではないか。存在論的難解小説『死霊』で、学生時代の私を手こずらせた人だ。上気した私は、質問の矢を射続け、埴谷を師と仰いだ高橋和巳の話などもした。お宅のある吉祥寺で酒席を共にもした。

そんなある日だった。

「君は森君を知っているかね。昭和五、六年、私が農村を組織して闘っている頃の同志だ。山梨の大寺の倅で、お互いまだ二十一、二だった」

ほどなく、作家は治安維持法違反で起訴され、独房で学習を開始。カントの『純粋理性批判』に感動、ドストエフスキーを耽読。自我と宇宙と最高存在の織りなす思考を基軸にした文学を創造、生涯を通して『死霊』（講談社文庫所収）を書き続けるのだ。

この秋、富士山を臨む河口湖畔の古刹常在寺（住職森智洪）の客殿庫裡落慶法要に列座し、埴谷さんとの会話を思い起こしていた。

森日行先代住職は、立正大学時代、農民運動に挺身。オルグ中に検挙され、富士吉田署を脱走した経歴の持主。しかし日中戦争に雪崩れてゆく時代の趨勢の中帰郷、住職の道を選び、妻を迎える。

「あれは昭和二十四年だったよ、森君の寺の本堂から出火し……」

老作家の沈鬱の声が聴こえる。おりからの強風に煽られ、火は小立村全村二百八十軒を焼き尽くした。

「寺を捨て、逃げてゆけばよかったのに、森君は村を去らなかったのだよ」

森日行文子夫妻に、筆舌尽くしがたい苦難の日々が始まり、頭を低くし続けた。村の家すべてが再建されるまで、寺の復興は望まなかった。夫妻は骨身を惜しまず働いた。

小立村全焼の日から数えて三十年、ついに本堂は再建されたのだ。師は本山貫首になってからも、作業服を纏い、草むしりを日課とし、働き続けた。

「湖に氷が張る厳寒の地です。しかし森猊下は、息子と娘に足袋を穿かせずに小学校に通わせました。お詫びのためです」

落慶法要の導師・大本山光長寺石田日信貫首の挨拶に村の人々は肩を震わせていた。

「慈悲は、何と云って好いか、森羅万象、全宇宙に及んでいるのでして……」

私はといえば、『死霊』中の一節を思い起こしていた。

思想の荒野に
行き倒れたる幾人か
日溜まりに見ゆ
項垂れて見ゆ

人間の悲しみ　宮 柊二

舶来の酒はあふれてうつそみの骨身に溶けよ闌けてゆく秋

眼鏡の奥に、深い慈しみを湛えた眼差を思い出す。お会いしたのは、旧いノートによれば「昭和五十三年十一月二十日」。一九七八年、宮柊二・六十六歳。

高貴にて悲しみもてる黒き瞳《め》の涙湛へて死なな言ひき

大正の初めに新潟に生まれたこの人の青春は、戦争と共にあった。北原白秋「多摩」に

入会（一九三五年、二十三歳）、師に随身してから、入営までの作品を集めた処女歌集『群鶏』には、暗い時代を負った生と愛、真摯な祈りが静かな底流をなしている。

一九三九年（昭和十四年、二十七歳）召集、釜山から満州、河北省を経て中国北部山西省に。日中戦争下、大陸での軍隊生活が始まったのだ。この間の作品を纏めた歌集『山西省』後書で宮は、苦渋に満ちた想いをこう綴っている。

「戦争の本質を疑ひつつも、祖国を愛さなければならなかった混沌の中に」身近に「死を置く」兵隊となった。したがって本集は、「歌人でもなく」「思想人でも」ない「一人の補充兵が」「記した感慨の断片に過ぎない」。「之は作品ではない」。

だが、はたしてそうか。

うつそみの骨身《ほねみ》を打ちて雨寒しこの世にし遇ふ最後の雨か

そして、この一首がある。

ひきよせて寄り添ふごとく刺ししかば聲も立てなくくづをれて伏す

殺す側も殺される側も、人間という業の深い悲しみを共に負っているのだ。敵兵への眼差はやさしい。

チャルメラに似たりとおもふ支那軍の悲しき喇叭の音《おと》起りつつ

劫火《ごうか》の炎に咽びながらも、このような歌も書いた。

耳を切りしヴァン・ゴッホを思ひ孤独を思ひ戦争と個人をおもひて眠らず

短歌によって、人間の真実に肉迫した、希有の戦争文学といおう。

老い初めしこの胸底の漠《ひろ》さをば何に喩へて子らに告ぐべき

白秋の位牌を置く仏壇で、お経をおあげし、振り向くと涙の老歌人がいた。戦場で悲報に接し、以来三十六年。師へのまことを捧げてきた。その熱い報恩の情に私も涙していた。応接間に通され、酒好きの後進のため、オールドパーの栓を抜き、グラスに注いで下さった。いつしか外は真っ暗。「多摩」以来の同志（瀧口）英子夫人が駅まで送って下さった。

「人間」という語を噛みしめていた。

温かな湯に浸かりながら　石原吉郎

あまたなる男いで来て消えてゆくシベリア鉄道われの昭和よ

明治神宮絵画館で顔を合わせた。丸顔、坊主頭のその人は、「福島さんですね」と言って手を差し伸べてきた。仰慕し続けてきた人が、私を知ってくれていたのか。なんと温かで柔らかな手であるのだろう。これが、シベリアの凍原で、銃口にさらされながら、森林伐採の重労働に堪えた手であるのか。

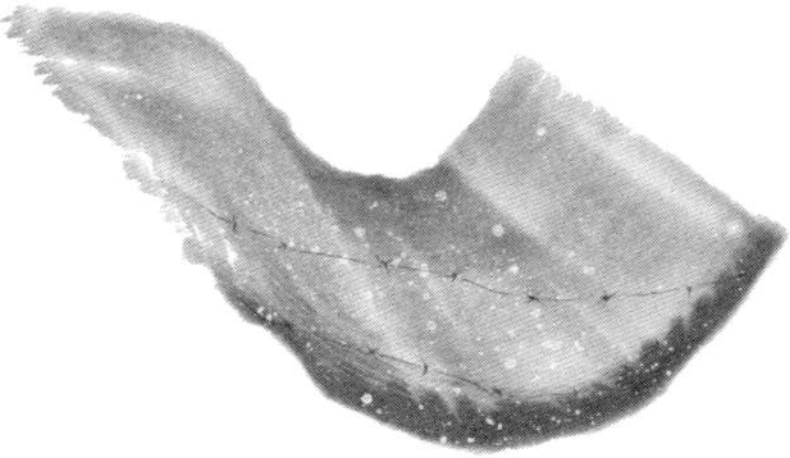

人々は無惨に死んで

戦争は
白い波濤か
手招きをする

石原吉郎、一九一五（大正四）年に伊豆の土肥で生まれ、東京外語大卒業後、洗礼を受ける。三九年応召。四一年、ハルビン関東軍情報部に配属され、満州電電調査局を経て終戦、シベリアへ抑留される。

しかも、六十五万人（内、数万人が飢えと労働の中で死亡）と推定される抑留者の大半が帰国を果たした一九四九（昭和二十四）年、重労働二十五年の判決を受け、特赦（スターリン死去）により帰還したのは、終戦から八年も経った五三年（三十八歳）になってからであった。

すでに父も継母も死に、戦争犯罪人として日本人の戦争責任を一心に背負って帰還した石原を舞鶴に迎えたのは、弟ひとりであった。職場からも民衆からも疎まれながらの「シベリア帰り」の孤独は、石原を心身ともに廃墟とさせたはずの、ラーゲリでの共生と沈黙の記憶を鮮明にさせていった。そして一九六三（昭和三十八）年、四十九歳になって刊行した詩集『サンチョ・パンサの帰郷』（思潮社「現代詩文庫26」所収）後書で言う。

「私にとって人間の自由とは」「シベリヤの強制収容所にしか存在しない」

すべてを事実として承認するしかない極限状況にあって、なおそれを乗り超えてゆこうとする自由の精神が人間にはあるというのだ。

悄然と野垂れ
死ぬべし
新鮮な言葉の臟器
ならば剔《えぐ》らず

全詩と全評論を集めた『日常の強制』（七〇年・構造社）を手にした日の衝撃が甦ってくる。「あからさまに問え　手の甲は／踏まれるためにあるか」「われらはきっぱりと服従する」。このフレーズを唇にのせながら、私は二十代の後半を生きようとしていた。服従を強いる時代に、意志する姿勢を学ぼうとしていたのだ。

「秘密保護法案」など、言葉が根源的に問われるいま、石原吉郎『望郷と海』（ちくま学芸文庫所収）は必読の書であろう。

一九七七年十一月、自宅の浴槽に浸かりながらの死（六十二歳）であった。信濃町教会でのミサが忘れられない。「死であるためには／すでに生涯が欠けていた」。

焼跡ノ歌　松井つよ

蝉時雨ふる森閑とした朝でした大八車に運ばれていった

　みどりの田圃が、潤みをおびて一面に広がっていた。祖母の背中の温もりの中で私はそれを眺めている。この世に生を受けた私の、最初の記憶（二歳）である。一九四五（昭和二）年三月十日、東京大空襲の中、私を背負い炎の中を必死に逃げた祖母は、出雲に疎開した。出雲には、父の弟（奄美沖で戦死）が住職をする法恩寺があった。

死んでいたはずかもしれぬ

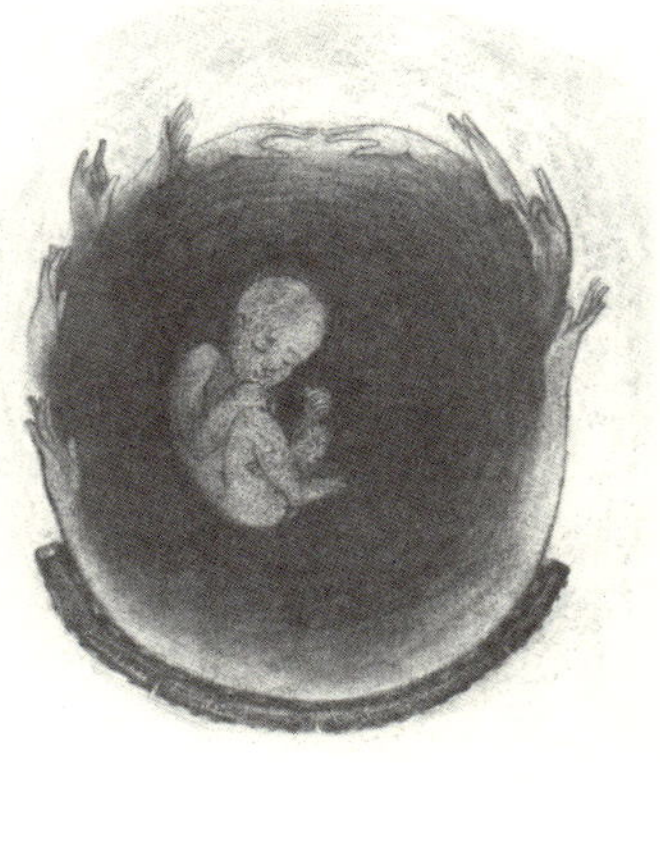

斐伊川を悲鳴もあげず
流れゆく
ぼく

青田の記憶は、途中で途切れる。突如、水浸しの草が目に飛び込んでくる。高熱の私を医者に診せた帰路、誤って川に転落したのであった。祖母つよは、一歳で母を亡くした私を（乳をもらい、噛み砕いたものを口移しにして）育ててくれた。

一八八三（明治十六）年、福山の寺で生まれた祖母は、東京下谷御徒町で住職をする兄の許で娘時代を過ごし、その縁で近隣同宗の祖父の寺へ嫁いでくる。明治から大正という時代の趨勢《すうせい》の中、四男一女をもうけ、女の仕合わせも味わったことだろう。だが、関東大震災で寺は全焼、ようやく復興を遂げるも二十年後には空襲に遭い、また寺を焼け出された。

鉄カブト
ちゃいろく錆びて
草むらにころがっている
誰の骨なる

祖母の戦後は、焼跡を耕す畑造りから始まった。大豆、茄子、胡瓜などの畑を囲み玉蜀黍《とうもろこし》が林立し、私たちは裸足で畑を一周する競技に熱中した。優しく子供たちを見守る祖母がいた。厳しい継母の目から遊び盛りの兄をいたわり、「お母さんに内緒だよ」と言っては遠足に出かける私に百円札を握らせた。

東京タワーの完成、テレビの普及、皇太子成婚と時は移り、私は祖母と起居を共にし続けていた。八月の晴れた日、目に涙を浮かべ祖母は臨終を迎えた。七十七歳だった。

炙られて
崩れてあかく丸まって
道に積まれて
いたっけぼくは

空襲で祖母が私を負ぶって逃げてくれていなかったら、黒こげになった私は道端で、風に吹かれていたことだろう。記憶にない体験（空襲）に遡って、何度も死んでいたはずの、私の生を検証してみよう。歳晩、砂子屋書房から刊行される歌集『焼跡ノ歌』を、謹んで祖母と母に献じる。

魂の自由を欣求し　前川佐美雄

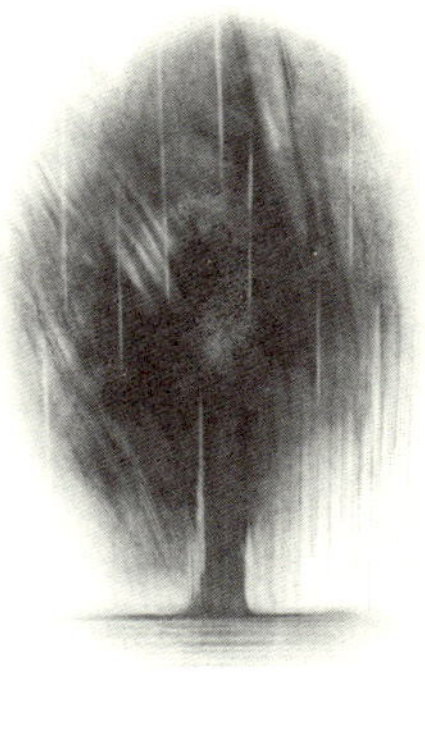

釘を打ち錠を差し込みこぼれくるあかるい秋の陽は遮断する

東京を去った私が、愛鷹山麓の一人となったのは、三島由紀夫が壮絶な最期を遂げた一九七〇（昭和四十五）年十一月のことであった。

床《とこ》の間《ま》に祭られてあるわが首をうつつならねば泣いて見てゐし

このリアリティはただごとではない。囲炉裏に酒を滾らせ、凩に身を震わせながら、前川佐美雄の処女歌集『植物祭』をむさぼり読んだ。

なにゆゑに室《へや》は四角であらぬかときちがひのやうに室を見まわす

世界恐慌、満州事変に端を発する十五年戦争に雪崩れてゆく時代の重圧を鋭く感受した青年の、危機にさんざめく魂の呻吟がある。

ゆく秋のわが身せつなく儚《はかな》くて樹《き》に登りゆさゆさ紅葉《こうえふ》散らす
喬木《けうぼく》の上にゐるのは野がらすか白痴《はくち》のわれか霜降れば鳴けり　（『大和』）

日米開戦の年に刊行された『白鳳』も忘れがたい。この狂気と鬱屈！

脚《あし》をきり手をきり頸《くび》きり胴のまま限りなし暗き冬に堕《お》ちゆく

あの六〇年代後半の熱気が嘘のように、冷え込んでゆく時代にあって、私もまた挽歌の想いを烈しくしていたのであった。

氏が、奈良葛城から湘南の茅ヶ崎に移り住んだ翌七一年、『捜神』に次ぐ歌集『白木黒木』

（角川書店）を刊行。想念に遊ぶ自在な魂の歌々だ。七七年、東京に舞戻った私は、「現代歌人文庫」（国文社）の編纂に邁進。改めて塚本邦雄、前登志夫、山中智恵子に氏が与えた影響を思った。断固、モダニズムなどではないぞ。想いは熱し、海岸近くの家にお邪魔した。新歌集刊行の依頼である。

瀟洒な邸宅。着流しの老大家は、畏《かしこ》まる私を床の間に着座させ、人を迎える私の流儀だと言われた。刊行を促す私に、にこやかに「怠け者ですから……」を連発された。

はすかひに碧き屋根見ゆひとの家いつ建ちにしか今年も終わる

以後、何度かお邪魔した。一九八七（昭和六十二）年、「月光の会」を設立した私は「季刊月光」（彌生書房）を創刊。巻頭インタビューで坪野哲久を訪ね、氏から「前川佐美雄VS坪野哲久」の対談の了承を得た。勇んで電話を入れた。「日本歌人」の若き日の弟子でもある緑夫人から、数日前、銀座鳩居堂前で躓《つまず》き、療養中の返事を受けた。

一九九〇（平成二）年七月没（八十七歳）、抑圧の時代に心の自由を求め続けた芸術家の死であった。

純情熱血の酒徒　冨士田元彦

歳晩の夜に降る雨吹く風の誰恨むなく冨士田元彦

世田谷北烏山、昔ながらの公団住宅。階段を上りながら、懐かしい感情に浸っていた。正月にお邪魔し、先客佐佐木幸綱とすき焼きを囲み、しこたまに飲んだこともあった。みんな若かった。

五十年前
この階段に待ち侘びて

立っていたっけ
岸上大作

六〇年安保闘争の暮に、敗北死した学生歌人岸上が、自殺する数日前、思い詰めてこの階段を上っている。岸上を世に送り出したのは、この年角川書店に入社し、中井英夫から月刊雑誌「短歌」編集を承け継いだ冨士田元彦であった。

一九六三（昭和三十八）年「短歌」編集部を去った後も、深作光貞の実験誌「律」、短歌前衛を結集させたアンソロジー「現代短歌」など編集の側から現代短歌運動を支えた。

映画史家としても日本映画に造詣のふかい『現代映画の起点』（紀伊国屋書店）『さらば長脇差―時代映画論』（東京書房社）などの著作のある冨士田さんは、一九七二年「雁―映像＋定型詩」を創刊、雑誌は七〇年代前衛の孤塁となった。

万世橋より
眺望すれば春日町
千石あたりの
空に雪ふる

飯田橋の駅前で待つ私に、開口一番、「いま会社に辞表を提出してきました」と告げた。人生の記念すべきその日に、飲み相手に選ばれた光栄を思った。神楽坂の「おのみち」、阿佐ヶ谷の「土佐ッ子」などが忘れがたい。一九七八年、歌集歌書の出版社雁書館を設立、松平修文など新人発掘に乗り出す。京城生まれの山形県人、市川右太衛門によく似た相貌。無口で取っ付きにくいが酒が入ると人が変わった。阪妻、千恵蔵、嵐寛、右太衛門、伝次郎ら時代劇のヒーローの物真似を演《や》らしたら天下一品。

君が最後に
くれた手紙の
横溢《おういつ》の丹下左膳と
なりて候

糖尿病を患い左腕、右脚を切断した冨士田さんは、書斎に寝ておられた。茶碗を所望、持参した酒を注ぎ、枕経をあげた。錬子夫人に無沙汰を詫びると、「福島さんに、お経をあげてもらいたいと言ってました……」。

深作光貞と共に学生歌人の私を、最初に認めてくれた人で、純情熱血の人であった。君逝きて四度目の歳晩。

飢餓の充足　菱川善夫

前衛は死なずあかつき雲湧けり悲しからずやまた雲湧けり

札幌は雪であった。導師は泣いてはならない。しかし荼毘を待つ間、私は滂沱の涙を滴らせていた。「極北院超善日和居士」、私が文芸評論家菱川善夫に献じた法號である。「日」は壮絶を生きた日蓮の、「和」は和子夫人から。

もはやクラスを
恃《たの》まぬゆえのわが無援

笛噛む唇の
やけに清しき

敗走してゆく学園闘争の中で私は、「辞」の変革をめぐる論争「実感的前衛短歌論」（「短歌」一九六六・七）と出会った。激しく葛藤し鬩《せめ》ぎ合う詩型「短歌」は、思想でなければならない。それゆえの美、それゆえの前衛！　菱川善夫との出会いは、小林秀雄、吉本隆明、磯田光一に次ぐ「批評（美と思想）」なるものとの出会いに他ならなかった。

初の北海道一周「短歌絶叫コンサート」が開催されたのは一九八五年（以後、毎年開催）。猛吹雪の中、火鉢持参の人々の中に痩身の批評家がいた。四時間にわたるステージの終りに言葉をくれた。

「〈声〉とは何か」「根源的な生命のリズムを伝えるものでなければならない」「閉ざされた空間での目の優位性から解放し、声による直接伝達によって、人間の連帯を可能にしてゆく道が求められなければならない」

敗北の抒情を
問わば
蹶然と雨天の椅子を

蹴りて立ちにき

非命の文芸評論家小笠原賢二を立川に見舞った帰りだった。窓からは篠突く雨が煙っていた。すでに日本酒のボトルを何本か空にしている。「前衛短歌とは想像力による、秩序への反乱、短歌の復権！　前衛とは精神の謂いだ」。静かな微笑が返ってきた。「福島君、最後に強い酒をやりましょ」。

グラスをぶつけ合うや、批評家は蹶然と椅子を蹴り、札幌へ帰って行った。

一九二九（昭和四）年、小樽に生まれ北大に学ぶ、風巻景次郎に師事。四九年、第一回「短歌研究」新人評論に入選、短歌入選の中城ふみ子、寺山修司とスタートを切る。処女評論集は『敗北の抒情』、以後桜楓社から『現代短歌・美と思想』『戦後短歌の光源』『飢餓の充足』を刊行、批評をもって現代短歌をリード、後進に声援を惜しまなかった。二〇〇七年十二月死去、昨冬『菱川善夫著作集』（沖積舎）全十巻を完結。明日は七回忌だ。

「逆風の文学者」という
表現の
哀切ならばまた
盃を揚ぐ

運命のこちら側　木下順二

だがしかし時は移ろいぬばたまの夢にみだれる黒い炎よ

「東京の往来の中で、この道ほど興味ある處《ところ》はない」と永井荷風が雅趣ゆたかに記した旧・駒込千駄木町「藪下通り」のお宅をお訪ねした。昔は品川沖をゆく船の白帆が見えた高台。森鴎外「観潮楼」もこの並び。生誕の地を愛おしむ劇作家木下順二は自伝的エッセー『本郷』でそう語る。

菊富士ホテル

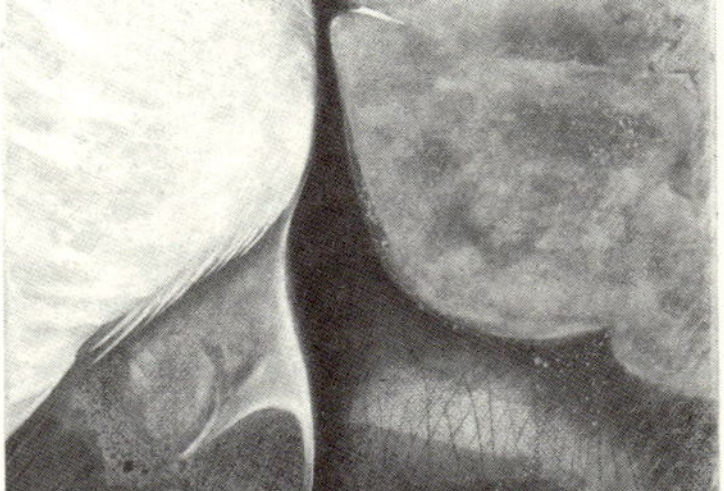

炎上の夜を逃げ惑う
母の形見の
防空頭巾

黒地の羽織に威儀を正した主《あるじ》の出迎えを受ける。眼鏡の奥の眼は厳格。書斎に通され驚いた。四周に聳える書棚のすべてが馬の本。さすが馬術の名手で、『ぜんぶ馬の話』の著者である。

「小説には無限の過去から無限の未来に至る時間がある。だが戯曲は、それを凝縮し、舞台という面積と時間の中に、自転させる球体を造らなければならない。戯曲の感覚と、馬術の感覚は、非常によく似ている。小説は競馬……」

作家は、水泳、剣道など父の郷里熊本で過ごした少年時代（旧制熊本中学・五高）を話す、ようやく顔が綻びはじめる。

東大英文科でシェイクスピアを専攻。時代の抑圧は学者への道を遠ざけた。入営直前、戦争という視座に立った『風浪』第一稿を書き上げる。戦時下は民話を題材とした「鶴女房」「彦市ばなし」「二十二夜待ち」を書く。

「戦争中にね、社会的発言権を持っていたならばということを考えると、とても不安」の言は真摯で、重たい。

折檻を
されてうつむく白百合の
あわれやあわれ
夭《わか》く散りにき

「歌舞伎は義太夫を基礎にした発声術」「能や狂言もそれぞれ方法をもった訓練がある。ところが新劇にはそれがない」。作家は、国民演劇となった『夕鶴』のつう山本安江と「ことばの勉強会」を立ち上げる。

「明日は二百七回目です」

作家の声が弾む。話は方言と標準語、文語と口語、古典の原文による朗読の可能性、情感（人間の歴史と存在）の伝達に及んだ。戯曲文学に新世界を開いた群読劇『子午線の祀り』は、「平家物語」を原基とする。

私は、日蓮消息のゆたかな現代語訳を絶讃、戯曲「日蓮」執筆をねだった。

時の流れは残酷だ、だが記憶の中の作家は、七十歳の笑みを湛えたままだ。日本芸術院会員、名誉都民など国家が絡むような栄誉は一切拒絶した。

臨終正念　福島日陽

父よ、父よ凍てしみ空に汝《な》が撞きし百と八つの音《ね》がながれゆく

三十三回忌の墓前で、しみじみ思った。来春は俺も、父の享年七十一ではないか。

父、福島日陽は、一九一〇（明治四十三）年、東京下谷に生まれ、大学卒業と同時に寺を継ぎ、法華宗宗務院に奉職。空襲で寺を焼かれた後も、宗門の仕事で東奔西走の日々を過ごした。やがて、宗務総長に就任。

茫漠として

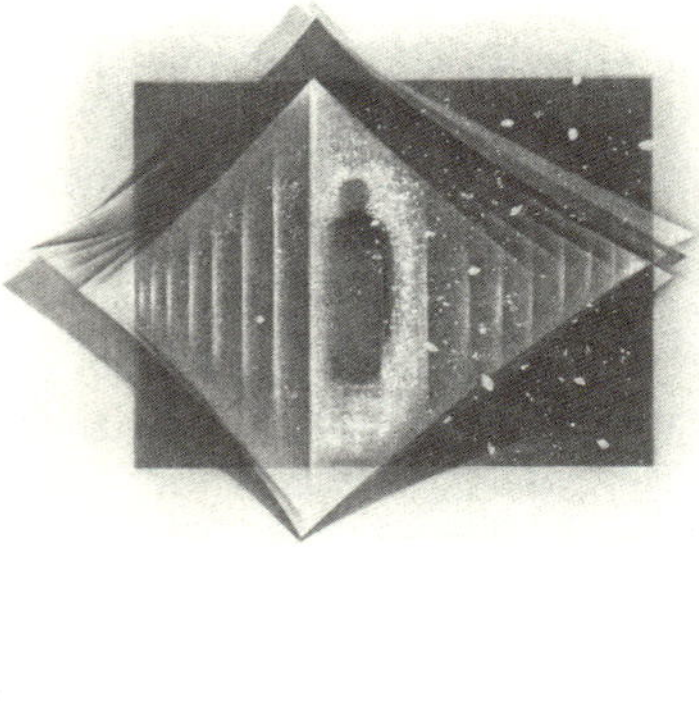

　　ありたるに寒村の
　　寺の男と言いし
　　友はも

父が食道癌の宣告を受けた一九七三（昭和四十八）年五月、私は愛鷹山麓の小村で本堂再建工事の直中にあった。死を覚悟した父は、最後の御奉公と宗務院に通い続けた。体重はみるみる痩せ、うごけなくなって虎の門病院に入院。

手術前夜、洗面所で静かに頭を剃り仰臥した。手術が短時間で終われば死への道である。日蓮の遺訓が胸を掠《かす》めた。

「されば先《まづ》臨終のことを習ふて後に他事を習ふべし」。そして、「我が門家は夜は眠りを断ち、昼は暇《いとま》を止《とど》めてこれを安ぜよ。一生空しく過ごして萬歳《ばんさい》悔ゆることなかれ」の遺訓を誦した。

手術は延々九時間に及んだ。九月十四日、この日を父は「蘇生記念日」と名付けた。翌春、四期十六年にわたる宗務総長の任期を満了。秋、大本山光長寺（沼津市）貫首に就任、開祖日蓮から数え七十世の法燈を継承したのである。

父は、常住給仕をモットーに励んだ。樹木鬱蒼たる方丈、初めて味わう地方での生活。

「私はこの大患のおかげで、法華経受持信行の大利生と、熱禱の成就を知ることができた」。加療とはほど遠い、修行の日々を選んだのである。早暁「星空を仰ぎながら、本堂に出仕する時、身のしまる思いで、法悦観が五体に溢れる」(遺稿法話集)。

杖突きて
立つ痩身の父上に
風は吹くかな
蕭条の風

本山は空前絶後の参拝客で賑わっていた。「八年前に食道癌で死んでいるはずの私が……」。記念法話に感涙の輪はひろがっていった。

日蓮大聖人七百遠忌報恩大法要の大導師をつとめた日陽上人は、その翌月十一月、満足の笑みを湛えて旅立ってゆかれた。病身老躯に鞭打ち、この日のために生きてこられたのだ。

父さん、「大法輪」連載の「日蓮紀行」も来春、五年目を迎えます。無明の酒に酔いしれている私ではありますが、いま少し仕事をして、お側《そば》に参ろうと思います。「お前は、何をしてきたのだ!」と、叱ってください。

中原中也の鎌倉　西川マリヱ

ああ風がわが渺茫の悲しみを吹きゆけりぼうや　大きな坊や

鎌倉に転居した詩人中原中也が、西川マリヱに宛てた手紙を読んで家を出た。マリヱは母の従姉妹で、山口の中原家から女学校に通った。中原は、「姉さん」と呼んでマリヱを慕った。

鎌倉駅で本多順子の迎えを受ける。彼女は冬花社という小さな出版社の女主人、寿福寺（扇ガ谷）裏の中原の家に案内してくれたのも彼女だ。

雨に煙る若宮大路を歩く。

チゴイネルワイゼンを聴き
眠りいる
わが子よ明日は
淋しからんに

詩人が東京を去ったのは、一九三七（昭和十二）年二月末（この年、日中戦争が勃発している）。愛児文也を喪った悲しみは深く、心機一転を求めてのそれであった。しかし、心の病は身に及び、八カ月後の十月、鎌倉養生院にて死去、三十歳だった。「亡き児文也の霊に捧ぐ」詩集『在りし日の歌』刊行を小林秀雄に託した。

養生院への途次、「西川マリヱ葬儀式場」の看板が目に飛び込んでくる。人違いだろう。第一、その人が平成の代まで生きているわけがない。心臓が高鳴り、狼狽する私が居た。それにしても何故に私は、西川マリヱの葬送の時刻に、鎌倉雪ノ下教会前に居合わせたのであろうか。呼ばれたのだ、と直観した。

平服の非礼を詫びて、ミサの席につく。中央祭壇下には、花に囲まれた和服姿の遺影。やがて神父（吉山登）が説経台に立つ。

「誕生の翌日に洗礼を受け」「百年にわたって信仰者の生活を続けてこられました」

広島に帰ったマリヱは、母（中原ツナ）と布教活動に専念。やがて結婚、二人の娘をシスター（尼僧）に育て上げ、晩年は鎌倉にあって、敬虔な祈りの日々を過ごした。

九十九歳の冬、病室から吉山神父にクリスマスカードの礼状をしたためた。

「愛の心一枚一枚が、何か中也がうたった詩の様で、彼の喜ぶ顔が、眼前に浮かびます。どうぞ、中也がマリア様の手に抱かれて私の喜ぶさまを見て居てくれます様に」「くもくん　どこへ行くの――／ぼくもつれてって／神様の　ところ」

中原が没し、臨終を迎えるまでの五十三年、いくたびとなく中原はマリヱの心の中を訪れたのであろう。棺の顔は輝くほどに美しかった。

「在りし日の歌」
はうたわず鎌倉の海棠《かいどう》、
寺に啼《な》く
ほととぎす

葬送の日（一九九〇年七月四日）から二十四年。この春私は、『中原中也の鎌倉』（冬花社）を刊行、マリヱと詩人の霊に献じる。人と人とを結ぶ魂の紐帯、追憶の風景を思う。

孤独な散歩者の夢想　橋 正子

祖母に背負われ逃れてゆきし島根県斐伊川　とおき母の悲鳴か

白い砂利を敷き詰めた墓所に叔父豊文の墓はあった。「日暁上人　昭和二十年三月十日午前四時　奄美大島沖ニ於イテ戦死。三十四歳」。石碑の裏にはそう刻まれてある。はからずも東京大空襲で、生まれ育った寺が灰燼《かいじん》に帰す頃、若き叔父の屍は暁の海を漂っていたのであった。

叔父豊文は、立正大学卒業後の一九三六（昭和十一）年五月、島根県平田（出雲市）の法恩寺を継ぎ橋と改姓、檀家の子女マサと結婚。三八年出征、四十一年帰還するも、四四年

七月再度出征。在任期間九年の大半を戦地にあった。

生還を期すなきわれは枯野ゆく
国護る兵とはなりぬ御命講
いづれまた来る日もあらん栗の路

戦地から叔母へ宛てた句である。「枯野」は俳聖芭蕉の終の栖家であり、「御命講」は、御会式のこと。また季節は巡り十月十三日、日蓮命日の聖日を戦地で迎えているのである。「兵とはなりぬ」という音《おん》の中に、時代の命運を受容するしかない精一杯の悲嘆が綴られている。そして、若き妻と散策した思い出の栗林を、「帰る日」ではなく「来る日もあらん」と記したのは、せめて死しての後の帰還を期したのであろう。

叔父戦死の報に接した叔母は迷わず剃髪する。住職の資格をとるために昼は読経と寺の雑務に専念する。夜は、暗い電燈の下「法華経」二十八品の一字一句の疏注《そちゅう》に励むも、無理がたたり、視力を失ってしまう。しかし、やがて寛い心の眼が開かれ法務の傍ら茶道に専念、茶室を建設。不昧流教授として、教授・助教授三十数名、弟子数百名を、琴の師匠としても大勢の弟子を育成した。毎朝頭を剃り、常に僧衣を纏い指導にあたった。子宝には恵まれなかったが、立派な住職後継者を得、その娘、婿、孫に慕われながら自在の時を生きた。知覚する光を頼りに、茶や琴、書などの大会のたびに上京した。そんなある夜、叔母さんは真剣な口調でこう言うのだ。

「泰樹ちゃん、あなたがこれまで一番感動した本を私に下さい」

学生の私は躊躇《ためら》わずジャン・ジャック・ルソーの絶筆『孤独な散歩者の夢想』をお渡しした。それにしても文庫の小さな活字を叔母さんはどうやって読むのだろう。

叔父五十回忌の供養の席から酩酊して帰ると、叔母は晴れやかに私を茶室に迎え入れた。抽斗《ひきだし》から大切に取り出したものがある。見れば『孤独な散歩者の夢想』ではないか、三十年もの歳月が経っている。あゝ、俺はなんて身勝手な人間なのだろう。こんなにまでも私を憐れんでくれている人に、たくさんの本を刊行していながら、その一冊たりと贈呈していないではないか。

母を亡くし疎開してきた二歳の私は、叔母を「たー(母)ちゃん、たーちゃん」と呼んで甘えた、そんな話を昨日の出来事のように話してくれた。橘正子、マサ叔母さん逝きて八年目の十一月……。

人生の酒　神尾輝義

荒原に朽ちぬ白骨キノコ雲　七十回目の夏廻り来ぬ

　愛鷹山麓の小村柳沢から、東京下谷に舞い戻ったのは一九七七（昭和五十二）年六月。「法昌寺復興」の命が宗門から下ったのである。私が生まれた感応寺とは目と鼻の距離にありながら、関東大震災、東京大空襲ともに類焼をまぬがれている。本堂は江戸中期の建築物で、風が吹くと煤が舞い落ちた。私が最初にした仕事は、総代世話人会を作ることであった。折から盂蘭盆、檀徒名簿を頼りに浅草、深川、荒川、町家、千住など下町を棚経で歩いた。

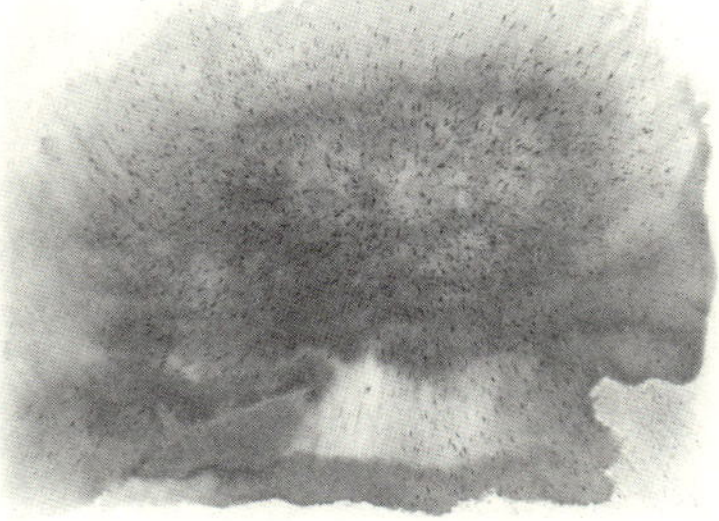

中に世田谷区上野毛に邸宅を構える人がいた。神尾輝義、大正十五年府下尾久町生れの五十一歳、勝新太郎を思わせる風貌の、竹を割ったような気質の人。復員後、東京消防庁に勤務しながら中央大学に学ぶ。法律を志したが成らず、事業で成功。施餓鬼法要には、下足番を買って出た。神尾さんの寺通いが始まった。

ある日、「飲みに行こう」と浅草に私を連れ出した。「江戸っ子は皐月の空の吹き流し……」、鰻の白焼きを山葵醤油に浸しながら、下町ッ子の粋を語った。以後、酒の注ぎ方から勘定の支払い方に至るまで、粋の帝王学を嬉しそうに教示。いきおい私は、十七歳年長の兄貴を得たのであった。

法昌寺に入山して三年の月日が流れ、総代世話人会は満場一致で本堂庫裏客殿の再建を決議、建築委員会を結成。影にこの人の力があった。

委員会は、和気藹々のうちに会合を重ね、総代中山栄造が会長を務める中山建設に建築を委嘱した。下谷の尋常小学校卒業後職を転々、焼跡のトタン集めから会社を起した叩き上げの大正三年生れ。工期をめぐり委員会は紛糾した。中山総代は、早期着工を、神尾総代は予算に目処がついてからと主張。即決を迫られた私は死期の迫った師父に見せたい一心から、見切り発進を決断してしまったのだ。

工事開始から三ヵ月を経てようやく見積書を入手。一億四千万円、予算額を八割も超えている。建築委員会へ、神尾総代から分厚い封書が届いた。総意を無視した住職に代わり、檀信徒に責任を取っての辞任であった。翌日、寺に来られ約束していた三百万円の寄付金をポンと置いてにこやかに帰って行かれた。

その日を境に神尾さんは、一切私に会おうとはしなかった。実業の経験をもとに寺復興の長期的プランを立て、その生涯の同行を約束してくれた人を私は裏切ってしまったのだ。結果、莫大な借財を私は抱え込むこととなる。

九月十九日、訃報に接し急行した。厳粛な死顔には道理を通した人の悲壮な生き様が漂っている。生前、せめてものお詫びにと差し上げた戒名を、大変喜ばれていたと聞き、心の寛さを思い、和解の二字を思った。通夜の席で、この人が広島の入市被爆者であることを初めて知る。

四十九日が過ぎ、お宅に伺った。「昭和廿年弐月廿五日」付けで、「東京聯隊區司令官」が発した「現役兵證書」を拝見。その後、千葉県佐倉の部隊に入営、広島に配属、死体処理に連日明け暮れていたことを、春野夫人から聞かされ、この人が自身の戦後しか語らなかったわけを了解した。

戦後七十年、本堂再建から三十四年目の秋、せめて一度なりとこの人と、心ゆくまで人生の酒を酌み交わしたかった。嘆き、悔やみ続けた三十四年間であった。

朗らかに笑つて征く　伊達智恵子

憶い出の器であれば慈悲ふかく葬りたまえ雲湧く果てに

知覧特攻平和記念館で、「夕べ、大平、寺沢と月見亭に会す。」に始まる穴沢利夫少尉の手記に出会ったのは二〇〇二（平成十四）年十月。「智恵子。会いたい、話したい、無性に」。清純の志操が降らす情感の驟雨に打たれた私は、「正論」編集部の協力を得、吹雪の会津地方を訪れ、その生家の位牌に華香《けこう》を手向けた。次いで婚約者智恵子を訪ねた。

二人の出会いは、「昭和十六年夏」東京医科歯科大図書館。智恵子は文部省図書講習所に通っていた。穴沢の夢は農村に児童図書館を作ることであった。智恵子十七歳、手紙の遣り取りが始まった。

「昭和十八年九月」中央大学を繰り上げ卒業。十月、陸軍特別操縦見習士官第一期生として、熊谷陸軍飛行学校相模教育隊へ入隊。二人の間に日々、愛が育まれていった。「昭和十九年秋」特別攻撃隊を志願。二人は結婚を熱望。だが、利夫の両親は結婚に反対。出撃は間近だ。

「二十年二月」、意を決した智恵子は、特攻猛訓練中の北伊勢飛行場を訪ねる。第二十振部隊長谷川實隊長は、二人のため旅館に一室をとる。猛訓練に明け暮れる利夫を布団に寝かせ、智恵子は傍らで子守唄（歌曲）を歌い夜を明かした。結婚の許諾さえあれば、共に最後の日々を過ごすことができたのだ。

「八時半、雪に覆はれたる郷里の駅頭に立つ」「我が命、今にして捧げまつらずんば再びその機来らざるべしと、自ら決するの時機を迎ふ」。三月八日、最後の休暇を得て故郷に帰った利夫は、ついに結婚の許諾を得、翌九日、東京三田へ急行。智恵子の両親に報告、目黒の叔父の家に宿泊。十日午前〇時八分、B29三三四機、東京上空に侵入、都内四割が焦土と化した。

夜明けと同時に智恵子は目黒へ走った。運良く二人は再会、大宮飛行場へ戻る利夫を送る。灰皿の吸いさし二本が形見となった。

二週間後、急を予感した智恵子は、都城陸軍東飛行場（宮崎県）へと急いだ。「3・26／

出撃近きを感ず。書簡を焼く」「悉く智恵子よりのものにして、燃えたつ炎と共に感亦心を揺す」の手記に愛の気高さを思う。だが、機はすでに知覧へと飛び立っていたのだ。

「4・9終日雨降りしぶく」「万葉を読み度《た》し。／詩を読み度し。」「観たきもの／ラファエル　聖母子像／芳崖　悲母観音」「聴き度きもの／シュトラウスのワルツ集／懐しき人々の声。」「4・11／明十二日、出撃と決定す。」

「勇気をもつて過去を忘れ、将来に新局面を見出すこと」「穴沢は現実の世界にはもう存在しない」「今後は明るく朗らかに。自分も負けずに朗らかに笑つて征く」。智恵子への遺書である。

取材を開始してほどなく私は、利夫からの手紙、手記を筆記したノートや出撃を共にした人々の資料等をお借りし、七年の歳月を経て『祖国よ！　特攻に散った穴沢少尉の恋』を刊行。青砥から、塩山のケアハウスに移られた智恵子さんをお訪ねした。居室でビールを御馳走になり、清流を散策した。歯切れのいい東京弁が懐かしかった。

二〇一三年五月三十一日死去（行年八十九歳）。若き将校の勁く凜々しい高貴な精神と共に戦後六十八年を生きた。

　　わかれてもまた逢ふべくもおもほへば心充たれてわが恋かなし

「昭和二十年二月」、北伊勢から帰京、利夫への手紙に記した、智恵子終生の絶唱である。

白い塩　辻井 喬

流血に汚れしシャツは脱がんとも掌はひとくれの塩のごとしよ

東京市ヶ谷、日本一行詩協会事務所。定刻の二時に着座した氏は、まだ昼食を済ませないのでと微笑し、紙袋からポリ袋を取り出した。御結びであった。慣れた手付きで包装の封を切り、海苔をきれいに巻いてみせた。

本名堤清二、一九二七（昭和二）年、東京生れ。自伝的長編小説『彷徨の季節の中で』（一九六九年）に、「生い立ちについて、私が受けた侮蔑は……」の一節がある。美貌の母は地方の銀行家の娘であったが、銀行倒産に伴い精算人の父に略奪され、清二を生んだ。

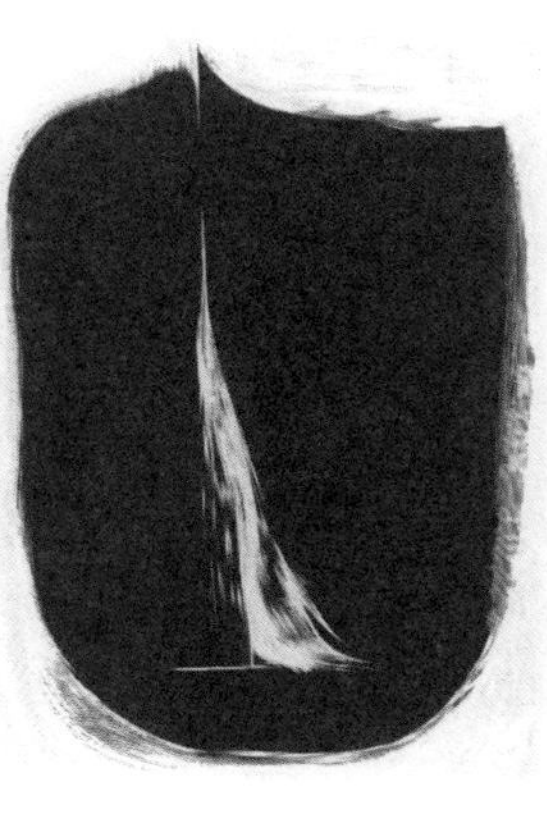

終戦後、東大経済学部入学。父に反抗、日本共産党に入党、非合法活動に挺身。喀血し、結核病棟に長期入院。父への葛藤と時代への懊悩（「私の裏切りと私への裏切り」）は、詩人（作家）辻井喬を育て上げてゆく。

退院後、父康次郎（衆議院議長）の秘書となる。一九五五（昭和三十）年、詩集『不確かな朝』を、六一年『異邦人』を刊行。くらい暗喩に満ちた屈折した造形世界を現出させる。一九六四年父の死後、西武百貨店など流通部門を受け継ぎ、日本屈指のセゾングループに育て上げた。

八十歳を超えても日本を代表する実業家は、昼食をとる時間がないほど忙しく立ち働いているのか。ポリ袋のもう一つは、塩結びであった。瞬時私は、この人の詩の一節を思い起こしていた。地下活動をイメージした若き日の歌だ。

怒ったり悲しんだりして
私の掌には
一握りの白い塩が残った
（「白い塩」）

初めてお会いしたのは、「無限現代詩ポエトリー」の会場、明治神宮外苑絵画館であった。季刊詩誌「無限」の発行人・慶光院芙沙子が主催する会で、私も講演や対談で何度か招かれている。シベリア抑留の詩人石原吉郎と握手を交わしたのも、この現代詩ポエトリーでのことである。その日の講師は、辻井喬と私だった。

「樽見、君はいまどうしているのだ。六六年二月、ぼくたちがかかげた狼煙《のろし》は、日本のカルチェ・ラタンの先がけとして……」。講演に先立ち私は、処女歌集『バリケード・一九六六年二月』を朗読した。

朗読終了と同時に席を立った氏が、演壇の私に深々と一礼している。この年一九七五年、渋谷パルコに西武劇場を開設、秋には池袋に西武美術館をオープン。輝かしく時代に君臨するその人が、若輩の私に頭を下げている。そうか、人生の辛酸、人間の痛く苦い想いを噛みしめてきた、それゆえ詩人で在り続けたのだ。

私は罅割《ひびわ》れた大地に立って
白い塩を握りしめる
苦い味わいを味わうために

その端正な笑顔が忘れられない。二〇一三年十一月二十五日死去、八十六歳。処女詩集『不確かな朝』の一節が口を突く。「にんげんが／にんげんらしく生きる日はいつくるか／死者が／幸福だったと言いきれる日はいつくるか」。

跋

東京新聞編集委員姫野忠氏の来訪を受けたのは、大震災の年の夏。震災についての原稿の依頼であった。私は、「追憶の震災記」なる一文を二度にわたって書かせていただいた。

そうだ、人は思い出の器であるのだ。二十歳で死んだ若者の五体には、二十年間の思い出が、濃密に脈打っている。戦没学生の手記『きけわだつみのこえ』や、出撃を前に綴った特攻隊の手記が、感動を与えるのはそのためである。

思い出の器であれば慈悲ふかく葬りたまえ雲湧く果てに

沖縄へ向けて最後の特攻機が飛び立っていった昭和二十年六月、祖母に連れられて私は、出雲の寺に疎開していた。あたり一面に真っ青な田圃がひろがっていた。こぬか雨降る畦道を祖母は、私を背負《おぶ》って歩いていた。やがて、土手にさしかかり、祖母の体が大きく傾《かし》ぎ、私は暗い川面に沈む草を眺めていた。高熱の私を町の病院に連れてゆこうとした祖母は、道に迷い、夕暮の土手で顛倒、危うく死ぬところであった、という。

切なさや漣のように襞をなし押し寄せてくる憶い出なるよ

記憶というものは、いかに進化した映像機器よりも霊妙な力を兼ね備えている。二歳の記憶を一瞬のうちに、呼び起こし再生することができるのだ。それも、目ばかりの記憶ではない。耳や手や肌の記憶も、人間という記憶装置は具備しているのである。

六十を過ぎてしみじみと思うようになった。いまの俺は、若い頃の俺よりもずうっと豊かではないか。この間、出会って、別れていった実にたくさんの人々。小学校の恩師、父、母、叔父叔母などの肉親、学友、あまたの知人たち。初恋の女もいれば、若く死んでいった奴もいる。立松和平や清水昶など、時代を共に駆け抜けてきた同志たち。彼ら死者たちが、たえず私の心の中を出入りし、艶やかで豊かな時を結んでくれるのである。

「過去」や「感傷」と笑ってはいけない。思い出こそが、人生という時間の中で日々生み出され、蓄積されてゆく財産にほかならないのだ。東北地方を襲った大震災は、そのことを改めて思い起こさせてくれた。

ワイシャツは波に洗われそこにいた人の姿をしておったのだ

告白をしよう。戦後、六十六年という時間を大過なくすごした私は、あと何年間かをこの地上に命を留め、思い出の数々をのんびりと土に帰してゆけるものと信じていた。ところが三月十一日の大震災は、そんな期待を一瞬のうちに霧散させ、さらに原発事故発生は、私の目論見を完膚なく打ち砕いた。私たち日本人は、広島、長崎に連繋する歴史を引き受けなければならなくなったのである。

六十六年もの間、日本人の多くが、戦争、天災、大火などからまぬがれてきた時代は過去にあったか。大逆事件が発生した明治四十三年に東京下谷に生れた父は、関東大震災（大正十二年）、東京大空襲（昭和二十年）と、わずか二十二年の間に、二度までも生れ育った寺を焼失している。大正六年、浅草に生れた実母に至っては、六歳で関東大震災に遭遇。大火を逃れるさ中、迷子になり、一週間後に上野公園で家族と再会した。この間、家を焼けだされた人々が、寝床や食を与えてくれたのであろう。

以後、母の頭上を、満州事変、二・二六事件、盧溝橋事件と戦争の嵐が吹き荒れていった。太平洋戦争に突入した昭和十六年、父の寺に嫁ぎ、十八年三月に私を生み、翌十九年三月に私が生れた病院の同じベッドで死んでいった。二十六歳であった。わずか二十六年の間に、これだけのことがあったのである。

戦後民主主義の極みやマスメディアに飼い慣らされて国滅ぶべし

人々は死にものぐるいで働き、戦後復興をなしとげ、高度成長の時代を迎え、富を手に入れた。バブルは弾け散ったが、人々は変わることはなかった。テレビを見よ。人を貶めるタレント、衆愚政治に拍車をかけるコメンテーターと呼ばれる人たち。ホテルのように明るい葬儀場。

事物は消滅し、人は死ぬ。悲しみを忘れたところに、人間の真実はない。日本人は、早急に「無常観」を回復しなければならない。早世した作家高橋和巳は、それを「悲しみの連帯」と言った。（「東京新聞」「中日新聞」二〇一一年九月十日）

秋になって再び、姫野氏の来訪を受けた。死別した人々への追憶をテーマにした連載（「東京新聞」「中日新聞」土曜版）の申し出であった。協議の末「追憶の風景」というタイトルに決定、挿画を佐中由紀枝氏にお願いした。氏は、東京芸術大学油画科大学院を卒業。フランス、イタリアに留学。「季刊月光」（一九八八年四月創刊）「躍進」「大法輪」「サットバ」「正論」などで、私の連載の挿画を担当してくれた。

第一回（二〇一二年一月七日号）は西井一夫、「記憶」をテーマにジャーナリストとして生涯を戦い続けた男だ。「記憶だけが情報メディアに風穴をあける」と書き、「世界的歴史的記憶回復プロジェクト」を立ち上げる矢先の死であった。二回目は、立松和平。一九七〇年の春に出会い、四十年間を支え合い墓を並んで建てる約束をしていた。墓碑銘に私は、「時代と人間の闇と、この地上のすべての生き物たちの未来を見据え、世界に語りかけることをやめない真摯な運動家でもあった」と刻んだ。

連載二年間一〇四篇に、新たに四篇を加え一〇八篇、一〇八人の死者をもって『追憶の風景』一巻とした。つまり、彼らが生者として在ったその時間を、共に哭き、共に叫び、共に生きたのであった。死者は、死んではいない、というのが本書を書き終えた私の勁い実感である。敗戦後の日本に熱い想いを寄せながら処刑された木村久夫、他数名以外は、すべて時を共にした人々である。

連載中、「東京新聞」編集局姫野忠、「中日新聞」編集局松本和久両氏のお手を煩わせた。出版の申し出を快く受けて下さった晶文社社長太田泰弘氏、親身の世話を頂いた顧問松木近司氏、懇切丁寧な校閲を頂いた編集部浅間麦氏に記して御礼申し上げます。挿画の佐中由紀枝、装幀の間村俊一両氏との付合いも、文藝季刊雑誌「月光」（弥生書房）創刊以来二十八年にならんとしている。戦後七十年の歳晩ではある。

二〇一五年十二月十五日　　東京下谷無聊庵にて　　福島泰樹

著者について

福島泰樹（ふくしまやすき）

一九四三年東京下谷に生まれる。早稲田大学文学部卒。六九年、歌集『バリケード・一九六六年二月』でデビュー。肉声の回復を求めて「短歌絶叫コンサート」を創出、一五〇〇ステージをこなす。『福島泰樹全歌集』（河出書房新社）、『弔い―死に臨むこころ』（ちくま新書）、『中原中也 帝都慕情』（NHK出版）、『寺山修司　死と生の履歴書』（彩流社）等著作多数。毎月十日、東京吉祥寺「曼荼羅」での月例絶叫コンサートも三十一年目を迎えた。

追憶《ついおく》の風景《ふうけい》

二〇一六年一月二五日初版

著者　福島泰樹

発行者　株式会社晶文社

東京都千代田区神田神保町一―一一

電話：（〇三）三五一八―四九四〇（代表）・四九四二（編集）

URL：http://www.shobunsha.co.jp

DTP　有限会社修学舎

印刷・製本　株式会社太平印刷社

ISBN978-4-7949-6917-0　Printed in Japan